Brockensturm

Oliver Heigl, am 02.05.1979 in Hamburg geboren, entdeckte schon früh seine Liebe zu Büchern und ließ sich bereits für seine Schulaufsätze feiern. Dennoch glaubte er lange Zeit nicht an sein Talent und widmete sich seiner zweiten großen Liebe; dem Mountainbike.

Heute führt er quasi eine sportiv-literarische Dreiecksbeziehung. Er unternimmt Bikepacking-Touren und fährt MTB Rennen; seine Erlebnisse schreibt er regelmäßig in seinem Blog nieder. Dem Drängen seiner Freunde nachgebend, macht der Underdog nun aber auch die Welt der Printmedien unsicher.

Oliver Heigl

Brockensturm
Das etwas andere Bikepacking-Abenteuer

bagdad-biker.blogspot.com

Bibliografische Information der Deutschen Nationalbibliothek:
Die Deutsche Nationalbibliothek verzeichnet diese Publikation in
der Deutschen Nationalbibliografie; detaillierte bibliografische
Daten sind im Internet über dnb.dnb.de abrufbar.

© 2022 Oliver Heigl

Herstellung und Verlag: BoD – Books on Demand, Norderstedt.

ISBN: 9783756838745

Für ....

.... meine Tochter Mia. Du bist das größte Geschenk auf Erden und mein Sonnenschein, der mir selbst dunkle Tage zu erhellen vermag. Dein Lachen ist Musik in meinen Ohren, deine strahlenden Kinderaugen erwärmen meine Seele und deine Lebensfreude erweckt auch meine immer wieder neu. Deine Warmherzigkeit, deine Güte und deine aufrichtige Liebe, sind es wert, auch nach Tiefschlägen immer wieder aufzustehen und sich wagemutig in das Abenteuer Leben zu stürzen.

»Mia, bleib wie du bist! Du bist einzigartig, wunderbar, ein ganz besonderer Mensch und das beste Kind der Welt. Ich hab dich unendlich doll lieb!«

.... meinen Vater, der mich stets in allen erdenklichen Lebenslagen unterstützt hat. Du bist bester Berater und aufrichtigster Kritiker, hast das Herz am rechten Fleck und warst mir stets ein guter Papa. Ich kann mich immer auf dich verlassen, auf deine Hilfe, deinen Zuspruch; aber auch darauf, dass du deinem Sohn bei Bedarf die Leviten liest.

»Mein Papa kann alles!«

.... Manon, die mir schöne Jahre und eine so wundervolle Tochter schenkte, oft viel Geduld aufbringen und doch irgendwann einen anderen, einen ihr vorbestimmten Weg gehen musste.

»Wir wollten im Buch des Lebens unser ganz eigenes Kapitel schreiben.«

.... Jeff und Sira, die mir treue Freunde und Weggefährten waren und uns viel zu früh verlassen mussten.

»Ich vermisse Euch! Habt keine Angst! Geht nicht zu weit! Ich komme nach, wenn meine Zeit gekommen ist. Es gibt ein Wiedersehen!«

Inhalt

1.

Malle olé

Ich habe die Nase gestrichen voll, ich mag nicht mehr. Ich bin irgendwo im Nirgendwo. The middle of nowhere; das Nirwana Niedersachsens; das Epizentrum der Abgeschiedenheit, es befindet sich genau hier - und ich mich mittendrin.

Normale Menschen, oder vielmehr die sich dafür halten, machen kreditfinanzierten Urlaub in Plaja del Irgendwas auf Mallorca. Sie blasen zwei Stunden lang Tonnen von Kerosin in die Atmosphäre, damit sie auf einer sonnenverwöhnten Insel fern der Heimat ihre Ferien verbringen können, um sich dann den ganzen Tag faul rumliegend, in der Gluthitze braten zu lassen. Schon am zweiten Tag sehen sie aus wie gegrillte Krakauer in Badehose.

Einen solchen Pauschalurlaub habe ich auch mal ausprobiert und fand ihn kacke. Mit All-inclusive Drinks angeschwipst, traute ich mich an den Hotelpool, um mich beim täglich stattfindenden und vom Animateur reißerisch angepriesenen »Miss Bikini Wettbewerb« lüstern nach einem Urlaubsflirt umzusehen, und torkelte alsbald angesichts meiner Enttäuschung wieder zum Tresen zurück. Schade, erneut hatten sich nur, neben der reichlich formlosen Cellulite-Uschi, die pickelige Ines mit der Hornbrille und den Igelnasen un-term T-Shirt, sowie Kumpel Uwe in seinem giftgrünen Borat-String und mit dunkler Perücke, die er allerdings nicht auf dem Kopf trug, auf die Bühne gewagt.

Die mannstolle 70 jährige Renate, die offenbar ihren zweiten, möglicherweise auch schon dritten Frühling durchlebte und fast jedem halbwegs zeugungsfähigen Kerl um den Hals fiel, musste sich schon auf dem Weg zur Bühne gnadenlos auspfeifen lassen.

»Wie es denn im Urlaub war?«, wollten andere sich auch für normal Haltende, also ebenfalls potenzielle Pauschalurlauber später von uns wissen.

Während ich gar nicht darüber reden, am liebsten nicht mal daran denken wollte, schwärmte Uwe inbrünstig.

»Voll geil, ey«, lautete die Antwort, obwohl der Gefragte sich an die 14 Tage Dauerdelirium garantiert kaum noch erinnern kann.

»Der Pool war geil, das Hotel mega sauber - außer einmal, da hab ich auf den Flur gekotzt - und richtig geile Miezen in dem Schuppen«, übertrieb er schamlos das durchaus überschaubare Aufgebot attraktiver Frauen.

»Die Eine..voll so 80-60-90«, prahlte er weiter und deutete dabei die ertasteten Körperproportionen seiner Tanzpartnerin, übrigens der Einzigen in diesem Urlaub, wage an. Ich verkniff es mir, ihn und die Umstehenden darauf aufmerksam zu machen, dass die Cellulite-Uschi aber eigentlich auch einen zweiten Oberschenkel hat. Und das er mit den geilen Miezen Renate und Ines meinte, und selbst die nicht in das mit Wanzen verseuchte Hotelbett zerren konnte, erzählte er freilich auch nicht.

»Und wie hat dir die Landschaft gefallen? Soll ja auch richtig schön sein«, lautete die nächste Frage.

»Also ehrlich gesagt; wir waren meistens im Hotel. Da kriegst du ja so´n Bändchen an´n Arm und dann kannst du umsonst saufen bis nix mehr geht. An den Strandbars und so, da musst du ja alles selber blechen, das schockt doch nicht«, wusste Uwe zu berichten.

Das diese Art von Urlaub *schocken* kann, wage ich nach dem Erlebten grundsätzlich nicht anzuzweifeln. Wobei schocken im wortwörtlichen Sinn zu verstehen und mit Schockzustand gleichzusetzen ist.

Im zarten Alter von 18 Jahren habe ich dennoch einen zweiten kläglich scheiternden Versuch unternommen, Pauschalreisen etwas abgewinnen zu können. Bereits am dritten Urlaubstag war mir sterbenslangweilig. Während meine Freundin stets unmittelbar nach dem Frühstück an den Strand eilte, um dort wahlweise zum Abkühlen wie Dosen-Spargel im Wasser zu stehen (»*schwimmen geht nicht, da verschmiert doch das Make up, du Depp!*«), oder sich ihres Bikinioberteils entledigt, auf dem am Strand ausgebreiteten Badelaken posierend zu rekeln und sich schrittfeucht von aller Welt auf die Nippel glotzen zu lassen (»*lass sie doch gucken*«), zog ich mir alsbald jeden Morgen die Laufschuhe an und trabte über die staubigen Feldwege der Insel. Mallorca ist, bewegt man sich abseits der Touristenmärkte und Hotelburgen, ein wunderschönes Stück Erde.

Abends saß ich dann mit ihr in irgendeinem der vielen und immer gleichen Strandlokale, trank abartig warmen Sangria aus einem eher an einen Spucknapf erinnernden Edelstahleimer und sehnte mir das Ende dieser Touri-Verarsche herbei, für die ich stattliche 1400 DM bezahlt hatte.

Nein, nochmal würde ich sicher keinen solchen Pauschalurlaub buchen. Dennoch muss ich eingestehen, dass ich meine Alternative, die von mir praktizierte Art und Weise einer Individualreise, ernsthaft beginne zu hinterfragen. Es muss ja nicht gleich ein Vier-Sterne-Hotel mit Wellnessoase und Saunatempel sein, kein mit Daunenkissen staffiertes Doppelbett mit mehrlagiger Schaumzonenkomfortmatratze; und auch eine Lounge, brauche ich nicht wirklich, um mich wohlfühlen zu können. Aber mein Rücken vermeldet, dass es gern eine etwas altersgerechtere, eine geringfügig softere Version von bikepacking hätte sein dürfen. Mit Mitte 40 ist der Lack offenbar schon ab. Werde ich langsam weich, so wie damals Uschis Busen auf Mallorca?

Mehr als 10 Stunden sitze ich nun schon auf dem Rad. Seit einer gefühlten Ewigkeit ist der Hintern wund, als hätte ich mir im

Sitzpolster der Hose Brennesseln eingenäht. Die Finger sind taub; abgestorbener Fremdkörper am Ende eines schmerzenden Unterarms gleich, wollen mir meine Hände nur noch widerwillig gehorchen. Dumpf fühlen sich Berührungen an. Schaltung und Bremse lassen sich nur mühsam und unter Aufbietung all meiner verbliebenen Willensstärke bedienen. Mechanisch verrichten die Beine Kilometer für Kilometer ihren Dienst und scheinen mich dennoch nicht vorwärts bringen zu können. Und meine Heimatstadt Hamburg, ist noch so unfassbar weit entfernt.

Längst ist die Hitze des Julitages der feuchten Kühle des inzwischen angebrochenen Abends gewichen und dem allmählich schwindenden Tageslicht hat meine Notbeleuchtung nur wenig entgegenzusetzen. Auch die Müdigkeit macht mir zu schaffen, sie lässt mir die Augenlider immer schwerer werden. Und es wird noch eine lange, eine sehr lange Nacht werden. Was zur Hölle hatte mich bewegt, mir diese Schinderei anzutun? Eine ambitionierte, aber vor allem entspannende Radreise, war doch der ursprüngliche Plan. Wann genau war ich von diesem Plan abgewichen, hatte die Kontrolle verloren, das Ruder ab- und mich den Schicksalsfügungen ergeben?

2.

Wohlstandswampe

»Mensch Olli....«, säuselte mir Martins Telefonstimme das drohende Fiasko, und damit den Anfang vom Ende einleitend, ins Ohr. *»...ich habe mir überlegt,...«*, nahm er nun Anlauf, um mir unter Garantie mal wieder mit einer neuen seiner vielen Schnapsideen verbal in die Magengrube zu treten und mir die Laune zu vermiesen. So war es schließlich schon seit Tagen gegangen - strenggenommen bereits seit dem Moment, an dem wir beschlossen hatten, gemeinsam eine mehrtägige Tour mit den Bikes zu unternehmen.

Mit *»ich hab mir überlegt«* fangen ganz unangenehme Dialoge an, immer! Meetings oder Gehaltsgespräche mit dem Chef zum Beispiel. Und wenn der Chef überlegt hat, kommt selten etwas Gutes dabei herum, das weiß jeder. Mit *»ich hab mir überlegt«* fangen Partnerinnen mit Torschlusspanik Gespräche an, wenn sie dem Liebsten in Sachen Familienplanung und/oder Hochzeitsabsichten, die Pistole auf die Brust setzen wollen. Ein *»ich hab mir überlegt«* ist nur die Ruhe vor dem Sturm. Strenggenommen sogar weniger. So wie man das Unwetter schon einige Minuten vor dem Ausbruch spüren kann (der Himmel verdunkelt sich, der Wind frischt merklich auf), so kann man auch bei *»ich hab mir überlegt«*, das Unheil schon kommen sehen und ist dennoch bei dem Versuch es abzuwenden, absolut machtlos.

Ich versuchte es einmal, indem ich meinem Gesprächspartner den Satz abschneiden wollte, bevor er ganz ausgesprochen war.

Auf den Dialogeinstieg »*ich hab mir überlegt*«, meiner Lebens-
gefährtin, konterte ich schlauer Fuchs mit der Frage: »*Womit denn
das, bitteschön?*«
Ich sage es mal so: Die Hochzeitspläne waren damit jedenfalls
erst mal vom Tisch.

Nicht das ich Martin nicht mögen würde - im Gegenteil. Er ist ein
feiner Kerl, ein sympathischer kleiner Tagträumer, trägt das Herz
am rechten Fleck und ist stets gut gelaunt. Er hat einen ähnlich
goldigen Humor wie der Hape Kerkeling und tatsächlich sogar ein
wenig Ähnlichkeit mit ihm, was den Hape nur um so liebenswert-
er macht.

Mit Balu, wie seine Freunde Martin nennen, habe ich schon
einige Kilometer auf dem Rad absolviert. Doch genau dabei zeigte
sich alsbald ein kleines Problem: Es ist so, dass unser fahr-
technisches und körperliches Leistungsniveau dann doch etwas
auseinanderklafft. *Etwas*, das wäre in etwa so, als würde man den
Danny DeVito mit einem Arnold Schwarzenegger vergleichen.
Hollywood hat die Beiden in »Twins« lediglich Gauner jagen
lassen und das war schon ein Schuss in den Ofen. Man stelle sich
dieses ungleiche Duo nun auf einer Mountainbiketour vor.

Auch unser jeweiliger Anspruch und die Erwartungshaltung an
einen Tag auf dem Bike, das hat sich auf den bisherigen Touren
gezeigt, ist recht unterschiedlich. Ich fahre eine Strecke durchaus
schon mal sportlich ambitioniert. Martin hingegen ist eher gemütlich unterwegs, was für mich stets Kompromissbereitschaft im Bezug auf Terrain und Tempo bedeutet. Damit kann ich durchaus
ganz gut leben, sofern wir nicht, was wegen Balu´s Trödelei gar
nicht so selten vorkommt, von Rentnerausflugsgruppen auf Hol-
landrädern überholt werden.

Fahrrad fahrende Rentner sind in den seltensten Fällen geübte und
konditionsstarke Radfahrer. Die gibt es freilich auch, doch die
Zahl derer, die regelmäßig einen Fahrradhelm über ihr friedhofs-
blondes Haar stülpen, ist eher gering. Die Meisten sind dann doch

eher Wochenendausflügler, die gelangweilt von den vielen absolvierten Butterfahrten, Busreisen und Kegelabenden, einen Hauch ihrer längst vergangenen Jugend aufleben lassen und noch mal Fahrrad fahren wollen, bevor der Sensenmann sie holt. 15 Kilometer dürfen es dann schon sein - wenn schon, denn schon. Einkehr ins Lokal oder den Biergarten inklusive. Auch damit lässt sich ein ganzer Renten-Samstag füllen.

Grundsätzlich finde ich solch rüstigen Seniorengruppen toll. Das sie sich auch im hohen Alter noch an der frischen Luft bewegen, sich körperlich betätigen und das Leben genießen, verdient Respekt. Und es ist allemal besser, als daheim auf dem Sofa zu sitzen und stumpf auf die Mattscheibe oder aus dem Fenster zu gucken, wie es meine Eltern tun. Die könnten sich ebenso gut auf eine Friedhofsbank setzen und warten bis sie an der Reihe sind.

Von einer Rentnergruppe überholt zu werden, ist aber nun mal grundsätzlich extrem peinlich, zumindest wenn man sich mit deren Söhnen und Töchtern im selben Alter befindet. Solche Situationen hatte ich dann immer, im Versuch nicht völlig *deppert* dastehen zu müssen, mit vorgetäuschten Pannen zu kaschieren versucht. Man kommt sich dennoch irgendwie doof vor, wenn man drei Plattfüße innerhalb einer Viertelstunde simuliert und irgendwann kapituliert vom vielen Aufpumpen schließlich auch der Bizeps.

Noch schlimmer aber ist, wenn junge Menschen mit einem dieser E-Bikes vorbeisurren wollen; Fahrrädern, die allenfalls bei Rentnern tolerierbar wären. Und wenn sie dann ihr hämisches Grinsen der vermeintlichen, wenn auch nur technisch bedingten Überlegenheit, schamlos und arrogant zu Markte tragen, ist bei mir der Kampfgeist geweckt. Da kommen tief in mir schlummernde Uhrzeittriebe zum Vorschein, von denen man meinen sollte, dass die Evolution sie der Menschheit bereits ausradiert hätte.

Dem eigenen Übergicht und dem seines Bikes mittels Motor unter die Arme greifen, der eigenen Bequemlichkeit nachgeben anstatt zu trainieren, sich womöglich als echter Mountainbiker und nicht als Mofafahrer fühlen und dann noch herablassend, ja allenfalls mitleidig grinsen? Der Zahn will gezogen werden. Demoralisiert will ich diese Cheater wissen, die sich ihr 6000 Euro E-Bike hart am Rande ihrer Liquiditätsgrenze finanzieren, damit dreimal im Monat zur Eisdiele fahren, um sich dann im Freundeskreis als waschechte Sportler und Mountainbiker zu profilieren und um Selfies in den sozialen Netzwerken natürlich nicht verlegen sind. Weinen sollen sie, wenn sie am Abend mit ihrem Schatzi bei Chips und Cola auf dem Sofa hocken und sich tröstend die angefutterte, aber eben nun mal nicht abtrainierte Wohlstandswampe kraulen lassen.

Meine Taktik ist immer gleich: Am Anstieg wird sich möglichst unauffällig ans Hinterrad gesetzt. Hier zu schon attackieren wäre sinnlos, der Elektromotor hat einfach mehr Dampf; das zeigt sich deutlich am Schaltverhalten. Während ich stetig Gang für Gang durchschalte und bald am größten Ritzel ankomme, surrt der E-Biker mit niedriger Trittfrequenz und mittlerem Gang den Anstieg hoch.

Kurz vor der Kuppe heißt es dann für mich beißen, dickeren Gang einlegen und das Brennen der Beine in ihrem Milchsäurerausch ignorieren. Es gilt auf gleiche Höhe zu ziehen, möglichst unverkrampft zu wirken und die Atmung soweit zu stabilisieren, dass ein kurzes »Moin« herauskommen kann. Dann wird im Wiegetritt angetreten. Ein kurzer Sprint und es sind drei, vier Meter Boden gutgemacht, während hinter mir hektisch auf dem Display getippt und vom Sport- in den Turbomodus umgestellt wird, um den Motor noch schriller aufheulen und vermeintlich satte 250 Prozent zusätzliche Leistung an der Kette zerren zu lassen. Was viele E-Biker gar nicht wissen: Der Motor liefert diese 250 Prozent basierend auf der an der Tretkurbel eingehenden Wattleistung. Wo wegen untrainierter Beine wenig reingeht, geht trotz Motor auch wenig raus. Mit so was werben die Marketingabteilungen der Hersteller natürlich nicht.

Diese drei, vier Meter aber sind es, die den größten Ausschlag geben. Selbst dann, wenn ein durchaus fitter E Biker, und die sind dann doch nicht so selten, der Kontrahent ist. Denn wenn erst dieser Vorsprung geschaffen und das Fahrtempo in der Abfahrt oder Ebene auf über 25 Km/h gestiegen ist, ist Sense mit Motorunterstützung. Ab da muss der Fahrer das Tempo selber halten, was ihm meistens nicht, schon gar nicht dauerhaft, gelingt. Dann kann der Rückstand einfach nicht mehr wettgemacht werden; zu schwer und wuchtig sind ihre Bikes.

Doch so ganz bierernst, wie es zunächst wirken mag, sehe ich das Ganze dann doch nicht. Ich mache mir schlicht einen Spaß daraus, mir ungläubig auf Displays starrende Gesichter und ihre Bikes verfluchende Fahrer vorzustellen. Wobei ich Letztere nicht per se als Feindbild deklariere. Vielmehr ist es die zunehmende Elektrifizierung der Bikes, die mir nicht schmeckt. Sich von einem fitteren Fahrer auf einem Bio-Bike, und mit solchen liefere ich mir ebenfalls häufig Duelle, (man kennt das: erste abschätzende Blicke nach Material und Wadenstruktur, kurzer Blickkontakt, gegenseitig drauf lauern wer zuerst antritt) bezwingen zu lassen ist okay. Das ist ein faires Duell zwischen Sportlern. Aber vor einem elektrischen Hilfsmotor kapitulieren zu müssen, vor einer Erfindung, die ursprünglich für körperlich Beeinträchtigte konzipiert wurde, vor einem Rehaprodukt für altersschwache Greise in die Knie zu gehen, ist ein No-Go. Das ist eine Frage der Ehre und meine Form der Rebellion gegen die Bikeindustrie, die jedes Jahr, auf die Umsatzzahlen schielend, das Rad neu erfinden zu müssen glaubt.

Seit das Mountainbike Ende der 80er seinen unaufhaltsamen Siegeszug antrat, hat sich in Sachen Technik viel getan. Es gab Innovationen wie etwa Scheibenbremsen, Federgabeln, Dämpfer und multifunktionale Schalthebel. Und es gab allerhand Flops. Insbesondere bei Rahmenkonstruktionen. Nicht immer gelang Herstellern und Konstrukteuren der ganz große Wurf. Vieles verschwand schneller, als es gekommen war. Doch das Produkt Mountainbike war jung und ließ viel Raum für Experimente und Visionen. Das sieht heutzutage ganz anders aus. Moderne Bikes erscheinen ausoptimiert. Wirkliche, und vor allen Dingen auch sinnvolle Neuerungen, gibt es nicht. Ein Rahmen gleicht dem anderen; farblich, aber auch in der Geometrie. Selbstverständlich präsentieren alle Hersteller Jahr um Jahr ein neues Modell, doch unterscheiden tut es sich zum Vorgänger meist nur marginal. Vorbei die Zeit experimenteller und gewagter Tuningparts. Vorbei auch die Zeit der Individualisierung mit schrill eloxierten Alufrästeilen. Heute bekommen Bikes nur immer mehr Federweg, breitere Achsen und Tretlager im Booststandart; außenliegende Tretlager, eingepresste Lager und übergroße Lager; eine 3x10 Schaltung statt 3x9, dann 2x10, 2x11, 1x11, 1x12. Manch einer schaltet inzwischen elektronisch. Zunächst gab es mechanische, dann hydraulische und jetzt elektronische Sattelstützen. Und zu allem Überfluss verkaufen sich nun diese Fahrräder mit Elektromotoren wie geschnitten Brot. Als wenn so was irgendjemand wirklich brauchen würde.

Balu lassen meine Demonstrationen von Willenskraft und Stärke gegenüber akkubefeuerten Bikern stets völlig kalt. Er trottet, in dem Wissen, dass ich am nächsten Abzweig ohnehin auf ihn warten werde, stets gemütlich hinterher. Offenbar vermag er überhaupt keinen Sinn darin erkennen, sich in irgendeiner Form mit irgendwem bei irgendwas zu messen und empfindet mich womöglich in meinem Handeln als unkultiviert. Das mag schon angehen, aber man kann einen Wikinger nun mal auch nicht zu Tee und Gebäck bitten - er wird stets nach Met und Rauferei verlangen.

Was Balu und mich jedoch in jedem Fall eint: Der Erlebniswert einer Tour, das Genießen von Land und Leuten, der Natur und dem Gefühl von Freiheit, stehen im Vordergrund. Touren mit ihm sind Radfahrten - keine Trainingseinheiten und machen dennoch, oder vielmehr gerade deswegen, sehr viel Spaß.

3.

Tachoterror

Es ist längst kein Kampf mehr mit Wetter oder Topografie, kein Kampf mit Streckenlänge oder Gewicht des Reisegepäcks. Es ist ein Kampf mit dem eigenen Schweinehund, den es nun auszufechten gilt. Denn der Körper folgt dem Geist. Der Wille bricht immer zuerst ein. Man muss bereit sein, die Komfortzone zu verlassen. Was sich anfühlt wie die persönliche körperliche Belastungsgrenze, ist lediglich das Ende der Komfortzone und der Körper hat allenfalls 40 Prozent seiner tatsächlichen Leistungsfähigkeit erreicht. Das ist nicht nur mein persönlicher Erfahrungswert, oft habe ich während meiner Dienstzeit in der Armee genau dieses Phänomen erlebt, sondern ist sogar wissenschaftlich belegt. Ich behaupte: Wenn man es schafft, aus seinem »*ich kann nicht mehr*« ein »*scheiß drauf - jetzt erst recht*«, werden zu lassen, kann ein Mensch Dinge vollbringen, die er sich selbst nie zugetraut hätte. Ob es 100, 120 oder 140 Kilometer werden, spielt dann keine Rolle mehr - wenn denn der Kopf mitspielt. Und genau das tut der leider grade mal so gar nicht. Was sonst gut klappt, wenn es sehr zäh wird - Kopf ausschalten, *drauf scheißen* und stoisch Strecke abspulen - will im Moment nicht gelingen. Vielleicht fehlt mir ein Drill-Instruktor, der mir mal so richtig in den Hintern tritt; und zwar so weit, bis seine Schuhsohle meinen Gaumen berührt.

Genau so tat es R. Lee Ermey in der Rolle des Gunnery Sergeant Hartmann (welch passender Name) in Full Metal Jacket mit dem schwächelnden Privat Paula. Da mir »*paint it black*«, der ultimative Klassiker von den Stones, der in keinem Vietnamepos fehlen

19

darf, zu schwermütig erscheint und um mich herum ja eh bereits alles schwarz ist, summe ich stattdessen »*Hey yo Captain Jack - bring me back to the railroadtrack*« als mentalen Arschtritt in die Finsternis, auch wenn das nicht wirklich standesgemäß und im Grunde weit entfernt von militärischem Drill ist. Aber ich ackere hier ja auch nicht für Sold, sondern just for fun; wenngleich ich genau diesen, grade ein wenig vermisse.

Apropos Moneten: Als Radsportler kann man für sein Equipment allerhand Geld ausgeben. Da wechselt für einen unscheinbaren Tacho schnell mal ein ganzer Tageslohn binnen weniger Minuten den Besitzer. Außenstehende würden angesichts dreistelliger Kaufsummen sicherlich die Hände über dem Kopf zusammenschlagen.

Zugegeben: Gutes hatte freilich schon immer seinen Preis. Doch wie viel Technik brauche ich denn nun tatsächlich? Hochwertige Modelle erfassen mehr als nur Wegstrecke und Geschwindigkeit, wie es auch günstige Produkte um die 15 Euro tun. Trittfrequenz, Durchschnittsgeschwindigkeit, Fahrzeit usw. - all das ist auch bei einfacheren Tachos inzwischen Standard. Die wirklichen Spitzenmodelle sind jedoch heutzutage gleichzeitig auch Navigationsgerät und Trainingsanalytiker. Sie sind nicht nur internetfähig, sondern auch mit Bluetooth koppelbar. Mit entsprechenden Sensoren versehen, können sie die Trittleistung in Watt erfassen und auch auswerten, Trainingspläne managen, den Fahrer navigieren, sich mit Komoot und anderen Planungstools verbinden und auch Strecken, sowie Tourdaten herauf- oder herunterladen und noch so viele technische Dinge mehr, von denen ich, als elektronisch absolut unbegabter Mensch, mal so was von gar keine Ahnung habe.

Ich könnte solch ein Hightech-Gerät gar nicht wirklich bedienen. Und mir persönlich würde ja auch schon eine simple Akkuanzeige als Zusatzgimmick völlig ausreichen. Denn genau da liegt der Hase im Pfeffer: Tachos laufen ausnahmslos batteriebetrieben. Und Batterien, das wissen wir alle, folgen leider irgendeinem ungeschriebenen Gesetz der Regelmäßigkeit und sind immer dann leer, wenn man sie am Nötigsten braucht. Jetzt gerade, hier in dieser dunklen Nacht irgendwo nördlich von Celle zum Beispiel. Alternativen allerdings scheinen Mangelware zu sein. Zu meinem 9. Geburtstag bekam ich eine, die keine war. Einen derartigen Fauxpas der Fahrradgeschichte, hatte ich weder jemals zuvor gesehen, noch anschließend je wieder zu Gesicht bekommen.

Passend zu meinem, auch zu damaliger Zeit schon, technisch völlig überholten Dinosaurier der Fahrradevolution, einem 24 Zoll Jugendrad, das meine Eltern vermutlich als Sonderposten günstig im Abverkauf oder aus einer Insolvenzmasse aufgekauft hatten, schenkte mir meine Oma tatsächlich einen analogen Fahrradtacho. Ja, richtig gelesen: **Analog!**

Mit Tachowelle und einem mechanischem Zählwerk, sowie Geschwindigkeitszeiger ausgestattet, hatte das Teil die Gehäusegröße eines Taschenrechners und passte damit so hervorragend an den Lenker, wie ein Nashornbaby in einen Puppenwagen.

Da hatte Oma also mal ganz was Feines verschenkt. Nicht das sich das Monstrum optisch nicht gut an dem Rad gemacht hätte (gemeint ist der Tacho - nicht die Oma), immerhin wurde der bescheidene Charme der Altertümlichkeit nicht verzerrt und somit die Oldschool-Linie konsequent fortgesetzt. Aber an diesem Geburtstag Ende der 80´er Jahre, als die ersten Spielecomputer wie Amiga 500 und Commodore 64 in den Kinderzimmern meiner Freunde Einzug hielten, wirkte der Tacho wie ein antiquarisches Fundstück aus Opas Garage. War es vermutlich auch.

Nun also fahre ich durch die stockfinstere Nacht und starre auf einen eben nicht analogen, sondern digitalen Tacho, dessen Flüssigkristallanzeige inzwischen stromlos erloschen ist. Ersatzbatterien habe ich natürlich keine dabei. Das wäre ja auch viel zu einfach gewesen. Ich schätze die bisher gefahrenen und die noch zu absolvierenden Kilometer über den Daumen, blicke doch immer wieder sinn- und erfolglos auf den ausgefallenen Tacho und fluche vor mich hin. Überraschung: Das macht es auch nicht besser.

Auch plagt mich das Heimweh schon eine ganze Weile. Es zieht mich gen Heimat, obwohl dort niemand auf mich wartet, mich niemand mit einer liebevoll zubereiteten Mahlzeit und auf dem Sofa für mich zurechtgerückten Kissen empfangen wird. Nackte Glühbirnen statt gekonnt in Kerzenlicht drapierte Dekoartikel, vergilbte Poster anstelle gerahmter Kunstdrucke; und Spinnen, die ihre Netze an meinen längst eingegangenen Topfpflanzen weben. Zugegeben, meine Wohnung könnte einladender, weniger spartanisch und deutlich gemütlicher sein. Sie hat den zweifelhaften Charme einer Bahnhofshalle bei einer Kernsanierung. Während ich oft viele Stunden mit der Bikepflege verbringe, jedes Kettenglied einzeln vom Schmutz befreie, das Steuerlager überflüssigerweise schon wieder fette und alle Schrauben an meinem Rad immer und immer wieder nachziehe, kommt meine Wohnung absolut zu kurz und das sieht man ihr auch an. Ein Mountainbiker setzt halt ganz klare Prioritäten.

Dennoch fehlen mir meine eigenen vier Wände. Wie gerne wäre ich jetzt schon daheim. Die vertraute Unordnung in meiner Junggesellenbude, die dringend mal wieder ein Staubtuch zu Gesicht bekommen dürfte, die unsortierten Unterlagen und der Stapel ungeöffneter Rechnungen auf dem überquellenden Schreibtisch, die sich vor der Maschine auftürmende Schmutzwäsche, all das verspricht grade so etwas wie Geborgenheit und Wohlfühlatmosphäre inne zutragen. Zugegeben, das würde angesichts der derzeitigen Situation, selbst einem sich im Rohbau befindenden Kellergeschoss nicht sonderlich schwerfallen.

Es ist kühl geworden. Die klitschnassen Klamotten, die wie eine zweite Haut am Körper kleben, steigern das Wohlbefinden auch nicht unbedingt. Ich könnte anhalten. Ich könnte einfach anhalten, vom Rad steigen, mein Zelt aufbauen und mir eine Portion wohlverdienten Schlaf gönnen. Aber will ich das? Will ich wirklich mit meinem seit Stunden durchnässten Raddress im Zelt liegen, nur um am Morgen mit der Gewissheit aufzustehen, dass erneut Dutzende, bei Regen zu absolvierende Kilometer durch die wenig anschaulichen Grünflächen niedersächsischer Agrarwirtschaft vor mir liegen? Klingt wenig verlockend.

Bis nach Hause werde ich es in einem Stück per Pedale allerdings nicht schaffen - soviel steht inzwischen fest. Das wären von Torfhaus, wo ich am Morgen aufbrach, der Zivilisation noch ganz bewusst und voller Tatendrang den Rücken kehrend, mein Abenteuer fortzusetzen, mehr als 280 Km nonstop. Auch bis Buchholz/Nordheide, dem Startpunkt meiner Reise, ist es weiter, als mich meine Beine heute noch werden voranbringen können. In jedem Fall müsste ich noch eine Übernachtung im Zelt in Kauf nehmen. Eine Idee, für die ich mich mal so gar nicht begeistern kann. Bis Soltau sind es hingegen noch knapp 50 Kilometer; das dürfte machbar sein. Ab dort fährt die Bahn zudem auch zum Tarif des Hamburger Nahverkehrs, ist somit äußerst erschwinglich und das macht diese Option zusätzlich sehr reizvoll.

4.

Dicke Luft

Das grundsätzliche Problem ist, dass Martin sich permanent zurückfallen lässt; bei jeder Fahrt, immer und ausnahmslos. Und zwar völlig unabhängig davon, ob ich nun ein eher sportlich straffes oder extrem gemäßigtes Tempo anschlage. Fahre ich konstant, wird der Abstand zwischen uns immer größer. Nehme ich Geschwindigkeit heraus, um ihn aufschließen zu lassen, wird auch er langsamer. Nur sehr selten fahren wir nebeneinander - dann, wenn ich angehalten und auf ihn gewartet habe. Nach nur ein paar hundert Metern beginnt das Spiel dann von vorn. Vermutlich ist ihm gar nicht bewusst, wie zermürbend und anstrengend es ist, sich ständig nach seinem Mitfahrer umschauen, das Tempo im steten Wechsel anziehen und wieder drosseln und an jeder Weggabelung auf den versprengten Nachzügler warten zu müssen. Ich musste wirklich ganz dringend mit Martin darüber sprechen, und zwar umgehend.

Allerdings kam ich zunächst gar nicht zum Sprechen, denn Martin hatte ja überlegt. Und Martin wäre nicht Martin, wenn es nicht auch sofort aus ihm her aussprudeln würde.

»Ich habe mir überlegt, dass ich schon eher losfahre und wir uns dann irgendwo auf der Strecke treffen«, freute er sich nun also voller Begeisterung über seine völlig bescheuerte Idee.

»Wie jetzt, alleine los?«, wollte ich wissen und konnte offengestanden vor Entgeisterung noch gar nicht so wirklich glauben, was er da sagte. *»Dann fahr doch gleich alleine«*, lag mir

24

unausgesprochen auf der Zunge, was ich schon seit einigen Tagen dachte. Eine gewisse Spannung - nein, vielmehr ein Hauch von Bürgerkrieg lag in der Luft.

Seit wir die fixe Idee hatten, gemeinsam eine mehrtägige Bike-packingtour zu fahren - Martin sprach angesichts seiner Erwartungshaltung alsbald lieber von einem Radurlaub - riss er mehr und mehr das Ruder an sich. Beim Zusammentragen potenzieller Urlaubsziele, agierten wir noch als Team. Gemeinsam recherchierten wir im Internet nach lohnenden Strecken und Regionen und der Rennsteig in Thüringen war alsbald auserkoren. Dessen 190 Km würden aber allenfalls zwei Tage füllen können; bestenfalls drei, wenn wir uns massig Zeit für die Besichtigung einiger Sehenswürdigkeiten ließen. Martin versprach, mittels Onlinetool eine spannende und abwechslungsreiche Strecke zu kreieren, die unsere einwöchige Radreise auch zeitlich füllen würde - Rennsteig und Wartburg inklusive. Klang gut, war es auch. Sein erster Entwurf gefiel super. Anreise nach Thüringen per Zug, die Rückreise ebenso. Dazwischen rund 600 Kilometer mit allerhand fordernden Höhenmetern, und an Sehenswürdigkeiten hatte er auch kaum etwas ausgelassen. Prima! Die Sache war geritzt, hatte ich gedacht...

5.

Moonlight

Soltau 42 Km, reißt mich ein Verkehrsschild an der B3, der ich seit Einbruch der Dunkelheit wegen meiner unzureichenden Beleuchtung folge, aus meinem wirren Erinnerungsstrudel; nur um mich sofort in dem nächsten versinken zu lassen.

»*Noch 42.... Aber was sind schon 42 Km?*«

»*Eigentlich nicht viel*«, beantworte ich mir diese Frage ebenso selber, wie ich sie gestellt hatte und erwische mich dabei, inzwischen Selbstgespräche zu führen.

Halb so wild. Wer kennt es schließlich nicht? Man steht vor dem gähnend leeren Kühlschrank und stellt fest, das man dringend mal wieder einkaufen sollte. Da da kommt es doch durchaus vor, dass man mit »*Milch, Butter und Aufschnitt*«, die Einkaufsliste laut aufsagt. Das geht mir jedenfalls oft so. Und laut Forschern offenbar auch anderen. 96 Prozent aller Erwachsenen, so habe ich kürzlich gelesen, sprechen gelegentlich mit sich selbst. Das die restlichen 4 Prozent es permanent tun, ist hingegen eine Hypothese meinerseits.

Es gibt allerdings tatsächlich einige Untersuchungen und Experimente zu dieser Thematik, deren Ergebnisse sich alle mehr oder minder dahingehend einig sind, dass solche Selbstgespräche durchaus sinnvoll und förderlich sein können. Wer in Monologen die nächsten Schritte einer Aufgabe durchgeht, soll offenbar produktiver und kreativer sein. Das beruhigt mich doch ungemein. Dann fahren sich die nächsten Kilometer ja fast wie von selbst!

Ein vergeblicher Blick auf den Tacho - ach ja, da war ja was. Immer wieder beginne ich überschlägig zu rechnen: Von Torfhaus nach Celle waren es rund 140 Kilometer. Da hatte ich bereits zwei ursprüngliche Tagesetappen am Stück absolviert. Jetzt hänge ich quasi die dritte hintendran. Ich bin schon einige Kilometer aus Celle raus - wie viele genau, das lässt sich nicht genau sagen. Jetzt kommen nochmal 42 dazu. Gute 190 oder 200 Km werden es dann heute werden - bin ich denn eigentlich total bescheuert?

Mit einem Schlag ist die Motivation futsch. Ich klicke aus, steige ab und lasse mich kraftlos auf den kalten Teer des Radwegs sinken. Vielleicht doch zelten und morgen entspannt die restliche Strecke bis nach Hause fahren? Wie soll denn das Wetter morgen werden ? Wann fährt überhaupt die erste Bahn? Und zum Teufel, wie spät ist es eigentlich? Ungelenk und mit klammen Fingern grabe ich im Rucksackinhalt, dessen Zustand mit total chaotisch allenfalls wohlwollend umschrieben wäre, nach meinem Telefon und finde es zwischen den schmutzigen Socken und der offenen Zahnpastatube. Die übliche Prozedur: Gerät starten, Pin eingeben, Netzsuche. Dazwischen gefühlte Ewigkeiten des Wartens.

Die Fakten lauten dann wie folgt: Es ist 23:30 Uhr, der Zug ab Soltau fährt stündlich immer um elf Minuten nach der vollen Stunde, allerdings erstmalig wieder um 4:11 Uhr. Der Wind hat von 19 Km/h auf gut 11 Km/h abgeflaut, weht aber weiter aus südwest, schiebt mich also noch immer an. Die Nacht soll weitestgehend trocken bleiben. Für morgen ist dann reichlich Regen angesagt - örtlich auch Gewitter. Na prima, so was braucht ja echt kein Mensch!

Mehr als vier Stunden habe ich nun also Zeit für 42 Kilometer Reststrecke - da könnte ich ja notfalls sogar schieben. Ich werfe die letzten Reste meiner Verpflegung ein. Es ist ein wilder Mix aus Gummibärchen, angebissenem und schon leicht mit Staub bedecktem Schokoriegel, einem kläglichen Rest Salami und einem eigentlich schon seit Wochen abgelaufenen Koffeingel, das sich vermutlich bei irgendeiner Marathonteilnahme ergattern ließ.

Um Punkt Mitternacht klicke ich wieder ins Pedal ein. Auf den ersten paar Metern geht fast gar nichts. Jede einzelne Faser im Körper scheint zu schmerzen und es dauert eine Weile, bis der Kopf bereit ist, die Warnsignale des Körpers zu ignorieren. Wie ein Zombie, mit eckigen und langsamen, aber durchaus gleichmäßig stumpf monotonen Bewegungen; mit leicht hängendem Kopf und einem leerem, in die Ferne schweifendem Blick, hocke ich auf dem Rad. Langsam... sehr langsam rolle ich durch das Dunkel der Nacht. Irgendwo über mir, da müsste doch der fast volle Mond am Himmel stehen. Doch zu sehen ist er nicht. Die dichte Wolkendecke, die schnell aus südwestlicher Richtung vorangetrieben wird und mich erneute Regenschauer befürchten lässt, schirmt seinen Schein vollständig ab. Ohne meine Helmlampe könnte ich keine zwei Handbreit sehen - mit ihr immerhin drei Meter.

Durch Wurzeln aufgerissener Asphalt, zerborstene Bierflaschen, herabgefallene Äste und anderen Unrat erkenne ich oft viel zu spät, obwohl ich danach Ausschau halte wie Robinson Crusoe nach einem Schiff am Horizont. Zweimal entdecke ich die Hindernisse gar nicht und es haut mich vom Bike. Vom Radweg wechsel ich daher auf die Bundesstraße. Das darf man nicht - mache ich trotzdem. Viel Verkehr herrscht ohnehin auf der B3 um diese Uhrzeit nicht. Die seitliche Fahrbahnrandmarkierung hebt sich erfreulicherweise deutlich vom Straßenbelag ab und bietet eine deutlich bessere Orientierung, als der in seinen Konturen verschwimmende Grünstreifen links und rechts des Radwegs. Der mir entgegenkommende LKW blendet allerdings ganz fürchterlich. Wann der wohl endlich mal sein Fernlicht ausschalten wird?

6.

Travelpussy

Es gibt Dinge, die machen einfach keinen Sinn - absolut keinen. Beispielsweise diese ordinären Automaten auf versifften Fernfahrertoiletten. Die Trucker sind ohnehin immer allein unterwegs. Was sollen die mit einer Auswahl, die von »*gefühlsecht*« über »*genoppt*« bis »*extra feucht*« beinhaltet? Und der einsame Berufskraftfahrer, sollte ihm der Sinn nach Erdbeeraroma stehen, wird sich wohl auch eher über eine Tüte Weingummi aus dem Tankstellenshop, als über ein Automatengummi vom Klo hermachen. Sinnvoller wäre es wohl, würde man alle, statt nur einen der Ausgabeschächte mit diesen aufblasbaren Dingen bestücken, die so geistreich phantasievolle Namen wie »*Travelpussy*« oder »*blow-to-go*« tragen und die Körperöffnungen von Frauen nachbilden sollen. Das einzig Erregende dabei ist dann vermutlich aber auch schon, das Geld in den Schlitz des Münzeinwurfs stecken zu dürfen.

Was ich kürzlich bei genauerer Betrachtung eines solchen viereckigen Lustspender-Spenders entdeckte, der auf einer öffentlichen Herrentoilette an die gekachelte Wand gedübelt worden war, übertrifft wirklich absolut alles bisher Dagewesene. Für Fünf Euro kann dort ein Einweg-Minivibrator erstanden werden. Warum Vibratoren auf Herrentoiletten verkauft werden, ist mir ein absolutes Rätsel. Und was genau soll denn ein Einweg-Vibrator sein? Einweg... bleibt der etwa drin, oder wie?

Augenscheinlich sind manche Dinge definitiv für den Arsch. Die Ideen von Martin oft ebenso. Es verging inzwischen kaum noch ein Tag, an dem er nicht anrief oder zumindest eine SMS schickte, um mir von seinen neuesten Geistesblitzen zu berichten - einer schlimmer als der andere. Das wir die Masse der Übernachtungen im Zelt verbringen würden, war so besprochen. Das wir nun aber sämtliche Campingplätze meiden und damit auch jegliche Möglichkeit für die Körperhygiene grundsätzlich ausschließen sollten, war nur einer seiner verrückten Einfälle.

Mit einer oder zwei Nächten ohne Dusche komme auch ich bei einer minimalistisch angelegten Tour gut zurecht. Und wenn der Fokus ausschließlich auf Fahrleistung liegt, wie es z.B, bei einem Selbstversorgerrennen wie der Grenzsteintrophy der Fall ist, geht tatsächlich auch eine ganze Woche mit Katzenwäsche im Bach. Aber unter Bikeurlaub würde ich so was dann nicht verbuchen. Das läuft dann unter dem Synonym Härteprüfung und ist eben auch nur was für ganz harte Brocken; wir sind nun mal eher Gummibärchen, so realistisch sollte man schon sein.

Es folgte eine tagtägliche Umplanung des Streckenverlaufs. Der Rennsteig, das Mekka der lokalen Bikeszene und ursprünglich Kern unserer Tour, wurde inzwischen nur noch auf lächerlichen zehn Kilometern touchiert; der wahnwitzige Einfall, sich Shelter zur Übernachtung aus Zweigen zu bauen und das Lagerfeuer mittels Feuerbogen zu entzünden, Beeren und Wurzel für das Abendessen zu sammeln - Martins Ideen wurden immer abstrakter. Zunehmend verwischte er Biketour mit Survivaltrip und verkannte, dass beides zusammen nur sehr wenig Freude bereitet, vor allen Dingen jedoch zwangsläufig auch am Zeitplan scheitert. Ein Tag hat nun mal nur 24 Stunden und der ist schnell rum mit jemandem, der wegen ständiger *Pipi-Pause, das-muss-ich-fotografiert-haben-Stopps* und *oh-guck-mal-noch-ein-Baum-Staunern,* auf eine Nettodurchschnittsgeschwindigkeit von nur zehn Km/h kommt. Bei angepeilten 100 Kilometern am Tag, kalkulierten acht Stunden Schlaf und den Lebensmitteleinkäufen, wann sollen wir da noch den Reinhold Messner für Wochenendabenteurer spielen? Ich war bedient - durch und durch. Die Motivation in diesen Bikeurlaub zu starten, auf den ich mich so lange gefreut hatte, sank rapide gen Null.

»Ich hab die Strecke jetzt so umgeplant, dass ich direkt vor der Haustür starte und auch dort wieder ankomme«, zündete Martin seine reichlich toxische Ideenbombe.

Er..., er hat geplant, dass er..., er will..., er macht... Genau das war der springende Punkt: Er plante, er entschied, er dachte... und zwar inzwischen ausschließlich an sich.

»Das sind ein paar Kilometer mehr Anfahrt. Dafür hab ich in Thüringen nochmal was raus gestrichen. Die Tour hab ich dir per Mail geschickt«, freute er sich. Worüber auch immer.

»Hab ich schon gesehen«, entgegnete ich brummelnd und verkniff es mir ihm zu sagen, dass die Streckenführung Mist war. Die ersten 250 Kilometer als reine Zubringerstrecke auf Teer, gleiches galt für den Rückweg. Sterbenslangweilig und von einer Mountainbiketour nicht minder weit entfernt, wie ich von einer Mondlandung. Die aber wäre wenigstens spannend. Einige blumige Sätze lang versuchte er, mir seine Streckenplanung doch noch schmackhaft zu machen. Aber er unternahm den kläglichen Versuch, ein Dixiklo mit der Beschreibung einer Hilton-Suite zu bewerben.

»Das sind fast 850 Kilometer und weit über 4000 Höhenmeter, die schaffst du nicht in einer Woche zu fahren, auch wenn da viel Asphalt bei ist«, wollte ich seine Euphorie ebenso gehörig wie leider erfolglos eindämmen.

»Ich weiß, deswegen fahre ich auch schon am Freitag statt am Sonntag los. Du hast ja am Samstag noch den Besuchstag mit deiner Tochter - könntest du ja auch mal drauf verzichten«, giftete er, traf damit einen wunden Punkt und ließ das Fass seiner Egozentrik endgültig überlaufen.

»Ich hab mir das so vorgenommen und das zieh ich auch durch. Ich will mir einfach auch beweisen, dass ich das kann«, schob er

erklärend nach.

»Arschloch!«, mehr fiel mir in dem Moment dazu nicht ein. Ich war tatsächlich weitestgehend sprachlos, überrumpelt und angesichts seiner Haltung vor allen Dingen arg enttäuscht. Martin weiß ganz genau, wie hart mich die Trennung vor sechs Jahren getroffen hat und das ich da noch immer gehörig dran zu knabbern habe. Das es um die Beziehung nicht mehr zum Besten stand, das wusste ich. Wie schlimm es wirklich war, begriff ich erst, als meine Freundin über Nacht auszog und unsere gemeinsame Tochter mitnahm. Kein Tag vergeht, an dem ich nicht bereue; kein Tag, an dem ich mich nicht frage, wie es dazu kommen konnte, warum ich es nicht deutlicher habe kommen sehen, warum ich nicht gegensteuerte. Und es vergeht kein Tag, an dem ich nicht den Schmerz der Sehnsucht nach meinem Kind spüren würde.

»Jeden Moment den ich mit meiner Tochter verbringen darf, erachte ich als sehr wertvolles Geschenk und werde nicht darauf verzichten. Schon gar nicht, nur weil ein Traumtänzer plötzlich einen Egotrip fahren will. Wenn du meinst, du musst die Tour so durchziehen, dann musst du wohl allein fahren - ich bin raus«
Meine Antwort hatte gesessen, Martin schwieg, ich legte auf.

Am nächsten Morgen piepste mich seine SMS aus dem Schlaf.

»Es tut mit leid. Ich habe nachgedacht und du hast in vielen Dingen tatsächlich Recht«, schrieb er mir.
Die ersten Zeilen las ich staunend. Sollte er tatsächlich eingesehen haben, dass bei einer gemeinsamen Biketour die Interessen aller Beteiligten berücksichtigt und daraus ein Kompromiss gefunden werden muss, mit dem alle Seiten gut leben können? Der weitere Textverlauf war dann aber doch eher eine Aneinanderreihung von Vorwürfen. Von mangelnder Rücksicht war die Rede und von fehlendem Verständnis. Mir wurde klar, dass wir uns im Grunde gegenseitig dieselben Vorwürfe machten und da wohl vorerst nicht auf einen grünen Nenner kommen würden. Die Bitte, unsere Tour dennoch gemeinsam zu fahren, ignorierte ich. Auch, weil ich wusste, dass Martin erneut eigennützig dachte. Ganz alleine hat er

Schiss. Er mag nicht ohne Begleitung irgendwo im Wald schlafen Und noch vielmehr Respekt hat er vor der Strecke und der Streckenlänge. Er braucht mich; als Zugpferd, als Motivator, als Vorbild. Wenn ich fahre, fährt er mit (oder eben hinterher). Wenn ich ihm aber keinen Druck mache, findet er selber keinen Antrieb. Und er hat Angst vor dem Ungewissen und den Unwägbarkeiten, die eine solche Tour zwangsläufig mit sich bringt. Ihm fehlen die Erfahrungswerte einer solchen mehrtägigen Reisen und wollte sich meiner bedienen. Erneut zeichnete sich ab, dass mein Bike-Budy egoistischer ist, als ich ihm zugetraut hätte. Eine Weile erinnere ich an die vielen schönen Erlebnisse mit Martin; an die zahllosen absolvierten Radkilometer an der Ostseeküste und durch die holsteinische Feldmark; die viele Wanderungen zu Lost Places und die gemeinsamen Grillabende, dann lösche ich seine SMS.

7

Beim Arbeitsamt

Es ist ehrliche aber harte Arbeit, die ich mache. 40 Stunden pro Woche sind Regelsatz. Oft werden es an die 50 oder mehr. Ich schinde mich wie ein Ackergaul auf Baustellen, schleppe Steine, verputze Wände und streiche sie an. Ich stemme täglich Türdurchbrüche in Wände, wuchte Zementsäcke in den Mischer und fahre Tonnen an Bauschutt mit der Schubkarre umher. Ich baue Fenster und Türen ein, montiere Rigipswände und klebe Tapeten daran. Kurzum: Ich verwandle Rohbauten und Bruchbuden in modernste Wohlfühloasen, die dann, von wem auch immer, zu utopischen Preisen angemietet und mit Ikearegalen, Ledersofas und kitschigen Hinstelldingen überfrachtet werden können.

Es sind noch drei Arbeitstage bis zu meinem Urlaub. Es ist der erste seit Jahresbeginn und den habe ich auch bitter nötig. Ich versuche mich über den Streit mit Martin nicht zu grämen. Die geplante Biketour ist Geschichte, die Freundschaft mit Martin ist es mit ziemlicher Sicherheit auch. Nach seinem Verhalten stellt sich aber durchaus die Frage, ob sie es überhaupt wert war jetzt bekümmert zu sein. Außerdem: Schließt sich eine Tür, geht woanders eine auf. Womöglich steht sie bereits lange offen, ich habe sie nur vorher nicht sehen können. Und so sagt das Sprichwort nicht ganz zu Unrecht, dass man allem Schlechten auch etwas Gutes abgewinnen kann.

So war das auch mit dem Geiz meines Stiefvaters, dem ich irgendwann doch etwas Gutes abringen konnte. Der gelegentlich anfallenden Reparaturkosten für mein Rad überdrüssig, hatte er mich zu einem Praktikum während der Sommerferien im örtlichen Fahrradladen verdonnert. Mit den Inhabern hatte er dieses Praktikum bereits abgesprochen. Ich erfuhr allerdings erst zwei Tage vorher, dass sich die Zelttour mit meinen Freunden somit in Wohlgefallen auflöste. Das fand ich zunächst natürlich absolut ätzend.

»Damit du endlich dein Rad selber instandsetzen kannst«, teilte er mir unwirsch mit. Dabei wollte er lediglich den Arbeitslohn auf mich abwälzen; und die Ersatzteilkosten gleich mit. Als wenn ich mir von 2.50 DM Taschengeld pro Woche auch nur ein einziges Ersatzteil hätte leisten können.

»Jawohl!«, antwortete ich knapp und zackig, was erfahrungsgemäß die größtmögliche Chance bot, die Angelegenheit nicht unnötig eskalieren zu lassen. Eine Debatte hätte er ohnehin nicht geduldet. Konflikte und Erziehungsprobleme wurden in meinem Elternhaus grundsätzlich mit Schlägen bereinigt und ich hatte ja schließlich noch den kürzlich zerborstenen Kochlöffel abzuzahlen, den meine Mutter wegen der von mir mit *»scheiß was drauf«*, kommentierten Fünf in Biologie auf meinem Hintern zerdroschen hatte. Mein Bedarf an *»deine Frechheiten treiben wir dir schon aus«*, war also zunächst zur Genüge gedeckt. Nicht etwa, weil die praktizierten Erziehungsmethoden irgendwelche positive Wirkung erzielt hätten, sondern weil schlicht meine Barschaft aufgebraucht war. Mein Fehler! Mir fehlte damals einfach der Weitblick. Ich hätte beim Dänischen Bettenlager oder Ikea nach einem Mengenrabatt auf Kochlöffel fragen sollen.

Fliegenklatschen übrigens, diesen Erfahrungswert erlaube ich mir einzustreuen, sind deutlich besser geeignet; das hatte meine Mutter schnell spitz. Sie sind flexibel, brechen nicht ab und halten somit nahezu ewig. Sie haben allerdings den unangenehmen Nebeneffekt, nicht nur blaue Flecken, sondern tiefe und ewig lang schmerzende und blutende Fleischwunden zu hinterlassen.

Aus dem zweiwöchigen Praktikum jedenfalls wurde dann ein sechswöchiges. Zum Einen hatte ich damit einen guten Vorwand, möglichst wenig zu Hause sein zu müssen, zum Anderen machte die Arbeit im Laden einfach enormen Spaß.

»Bist du dir sicher, nicht doch lieber auch die Ferien zu genießen und wie andere Jugendliche ins Freibad oder zum Zelten zu fahren?«, wollte Geschäftsinhaber Bernhard von mir wissen. Doch nichts hätte mir mehr Freude gemacht, als an Fahrrädern zu schrauben. Und so blieb ich die gesamten Sommerferien. Auch danach, fuhr ich oftmals nach der Schule zuerst in den Laden und fragte, ob es nicht vielleicht etwas für mich zu tun gäbe. Der Fahrradladen wurde schnell mein zweites zu Hause; strenggenommen mein einziges. Neuräder montieren, Ketten tauschen, Schaltungen und Bremsen einstellen; und bald bekam ich sogar erste richtig komplexe Kundenreparaturaufträge zugeteilt. Ich lernte viel und von diesem Wissen zehre ich noch heute bei der Wartung und Instandsetzung meiner Bikes. Das wirklich Gute jedoch war, dass ich mit meinen 15 Jahren - also bald mit der Schule fertig und bis dahin völlig ratlos, was die Wahl meines künftigen Berufs anging - meinen Traumjob gefunden hatte.

Die mir angebotene Lehrstelle konnte ich aber dann doch nicht annehmen. Ich war von der Fliegenklatsche getrieben, aus- und vom Land in die Großstadt gezogen und somit gezwungen, mir dort einen Lehrbetrieb zu suchen. Die Gelben Seiten waren daher meine aktuelle Lieblingslektüre. Stundenlang schrieb ich akribisch die Adressen der Hamburger Fahrradläden heraus. Ich ging zum Friseur, kopierte meine zugegeben eher mäßig guten Schulzeugnisse, schrieb handschriftliche Bewerbungen und zog die besten Klamotten an, um anschließend tagelang jeden, aber auch wirklich jeden Fahrradladen in Hamburg persönlich aufzusuchen. Doch niemand wollte mir eine Chance geben. Eine Ausbildung zum Zweiradmechaniker war mir einfach nicht vergönnt.

Über 40 Bewerbungen verschickte ich nun an Autohäuser. Als gelernter KFZ-Mechaniker könnte ich später als Quereinsteiger durchaus in einem Fahrradladen arbeiten. Doch auch hier hagelte es Absagen am laufenden Band. Mit einem Hauptschulabschluss kommst du in Deutschland einfach nicht weit. Ich habe, und das schreibe ich völlig frei von Übertreibung oder Hochnäsigkeit, nachgewiesenermaßen einen relativ hohen IQ von immerhin 120. Doch dieses Potenzial schulsystemkonform einzusetzen, gelang mir nie.

In den USA, dem Land der unbegrenzten Möglichkeiten, zählt vorrangig was du kannst. In Deutschland kannst du offiziell nur das, was irgendwo auf Papier gedruckt, amtlich beglaubigt und somit besiegelt ist. Die Leute machen ihren Master of Irgendwas, sind Bachelor (mal mit, mal ohne Rose) oder Dipl.-Ing. und sind häufig theoretische Alles- und praktische Nichtskönner. Sie haben auf dem Gymnasium Latein gepaukt und die deutsche Geschichte bis zurück zu Karl dem Großen auswendig gelernt. Sie haben gelernt, chemischen Elementen Ordnungszahlen zuzuordnen und das Periodensystem verinnerlicht. Aber wenn diese Menschen, die einen Kreuz- von einem Schlitzschraubendreher nicht unterscheiden können, die Schaltung an ihrem Fahrrad einstellen sollen, scheitern sie. Und derjenige, der sie einstellen kann, der darf es nicht. Weil ihm ein DIN A4 großes Blatt Papier, unten mit amtlichen Stempel, in der Mitte mit ein paar Zahlen, oben mit dem Wort Schulabschluss versehen, bescheinigt, dass er zwangsläufig dumm sein muss. Zu dumm um eine Schaltung einzustellen? So dumm kann man gar nicht sein. Dazu braucht man keinen Master und auch kein Abitur.

Doch wer in Erdkunde nur »*ausreichend*« bekommt und auch in Chemie und Musik nicht besser dasteht, in Bio sogar mit einer Fünf abgeschlossen hat, kann auch mit guten Noten in Deutsch und Mathe offenbar nicht punkten. Es zählt überhaupt nicht die Person - die vielleicht sogar eine Art Inselbegabung hat - nicht seine Fähigkeiten, nicht sein Elan oder gar seine individuellen Stärken, sondern nur seine Schulnote. Das bekam ich deutlich zu spüren.

Es gibt zahlreiche Akademiker, die man getrost als Fachidioten bezeichnen kann. Zu ungeschickt einen Nagel in eine Wand zu hämmern, wollen sie einem zuerst einmal die statische Einwirkung des Nagels auf die gesamte Gebäudestruktur berechnen, nur um ihrem einstudiertem Fachwissen, mit dem sie oft den Mangel an gesundem Menschenverstand und fehlende Lebenserfahrung mehr oder minder gekonnt kaschieren, eine gewisse Daseinsberechtigung zu verleihen. Braucht man ja beim Bilder aufhängen auch unbedingt, so eine Berechnung. Man liest ja schließlich immer wieder von durch eingeschlagene Nägel eingestürzte Bauwerke, quasi nahezu täglich!

Und dann gibt es da noch die Dauerstudenten. Die tun mir fast leid. Semester um Semester schreiben sie sich woanders neu ein, lernen Unterrichtsstoff auswendig, nur um ihn sofort wieder zu vergessen und wissen eigentlich gar nicht so recht, warum sie studieren und was sie mal werden wollen.

Was ich mal werden will, wusste ich nach dem geplatzten Traum vom Job im Fahrradladen aber auch nicht. Dafür wusste es die Tante vom Arbeitsamt, bei der ich nach dem Abgang von der Schule vorstellig werden musste.

»Eine Ausbildung bei einem Malerbetrieb, das wär' doch was«, schlug sie gespielt euphorisch und wenig überzeugend vor; wohl wissend, dass sie von ihren Vorgesetzten die Vorgabe hatte, Jugendliche ohne einen Ausbildungsplatz im Sinne der Bereinigung der Arbeitslosenstatistik nicht nach Interessen oder persönlicher Eignung, sondern Hauptsache irgendwohin zu vermitteln. Vorzugsweise am Bau - da herrscht ja immer Bedarf. Bedarf an billigen Arbeitskräften vor allen Dingen. Und was ist schon billiger als ein Lehrling?

Ich wurde nun also Azubi beim Maler. Das ist zwar in etwa so, als würde man den Radovan Karadžić zum Sozialpädagogen umschulen wollen oder Ordensschwester Teresa einen Arbeitsplatz im »Club Aphrodite« vorschlagen, doch so etwas interessiert eine

Arbeitslosenstatistik nun mal nicht. Und ich kann schon beinahe froh darüber sein, dass man mich nicht in einen dieser neuerdings zum Lehrberuf ernannten Jobs wie etwa Wach- oder Müllmann zwängte. Das sind schließlich Berufe, die eigentliche gar keine sind, weil man dafür wenige bis keine gesonderten Qualifikationen braucht. Die Frage, welche Lehrinhalte da in den vollen drei Lehrjahren wohl vermittelt werden sollen, drängt sich einem zwangsläufig auf.

Um eine Mülltonne an einen Müllwagen zu schieben oder mit breitem Kreuz vor einer Discothek zu stehen, braucht es selbstredend auch irgendwen. Keine Frage - auch, oder gerade diese Jobs sind wichtig für unsere Gesellschaft. Und zu allem Überfluss sind sie knüppelhart und viel zu schlecht bezahlt. Nur sehe ich den Bedarf einer mehrjährigen Ausbildung in diesen Berufszweigen einfach nicht. Da werden Menschen schlichtweg über Jahre als billige Hilfskraft missbraucht.

Ich drohte nun der karrieregeilen Sachbearbeiterin beim Arbeitsamt mit meiner Perspektivlosigkeit ihre Statistik zu versauen. Ich war einer dieser schwer vermittelbaren Jugendlichen ohne Ausbildungsplatz, somit Störfaktor und der war gefälligst zu beseitigen. Da saß ich nun, mit meinem relativ hohen IQ, meinen vermuteten aber leider noch völlig unentdeckt in mir schlummernden Talenten und meinem miesen Schulabschluss wie ein Häufchen Elend vor der Arbeitsamt-Tante und musste förmlich darum betteln, nicht zum hauptberuflichen Kistenschlepper verdonnert zu werden und eine Lehrstelle antreten zu dürfen, bei der zumindest in irgendeiner Form so etwas wie Fachwissen vermittelt werden würde.

Für den Beruf des Malers konnte ich mich während der Lehrzeit so sehr erwärmen, wie ein Vegetarier für ein Schnitzel. Der aber könnte sich ja zumindest noch für das beigelegte Salatblatt und die Zitronenscheibe begeistern. Mir hingegen hatte man nun den sprichwörtlichen Napf mit den Küchenabfällen vorgesetzt und entsprechend schleppte ich mich mehr schlecht als recht und völlig unmotiviert durch die Ausbildung, die ich nur deshalb nicht abbrach, weil solche Leute dann für gewöhnlich in so reichlich bildungsfernen TV-Sendungen wie »Sozialer Brennpunkt« oder »Mitten im Leben« zu sehen sind. Wie ein Arno Dübel, herumgereicht bei »Vera am Mittag«, »Kerner« oder der »Olli Geissen Show«, von Arabella, Hans Meiser oder Andreas Türck; symbolschwanger die Bierdose in der Hand, als faulster Arbeitsloser Deutschlands geoutet über die Matscheiben zu flimmern - auf diesen zweifelhaften Ruhm wollte ich dann doch verzichten.

Mein Lebenslauf liest sich, entsprechend meiner Begeisterung für meinen Beruf, wie ein Groschenroman. Strukturlos, unübersichtlich, konfus und es sind viel zu viele Kapitel. Ich war bei mehr Firmen beschäftigt, als andere Menschen in ihrem Leben jemals an Bewerbungen schreiben werden. Nirgendwo wurde ich richtig glücklich, was oft weniger an den Betrieben, sondern am Berufsbild selbst liegt. Ich bin zweifelsohne ein recht geschickter Handwerker, übe den Beruf aber auch nach 20 Jahren noch immer nur des Broterwerbs wegen aus. Von der Schriftstellerei leben, das können leider nur die wenigsten Autoren.

Im Moment bin ich hauptberuflich bei einem Maurerbetrieb tätig. Da ist das Aufgabengebiet zumindest breit gefächert und abwechslungsreich, wenngleich die Arbeit wirklich tierisch an die Substanz geht. Ich bin urlaubsreif - mehr als das sogar.

Ich könnte stur sein und trotzdem nach Thüringen fahren, und die ursprünglich geplante Route auf eigene Faust bewältigen. Die Wartburg aber, auf deren Anblick ich mich seit Wochen so sehr gefreut hatte, kann mich nun so gar nicht mehr reizen. Das ursprüngliche Highlight steht nun sinnbildlich für den Streit und der Gedanke daran, ist automatisch in einen Mantel des Unbehagens gehüllt. Die Vorfreude ist dahin. Auf jedem Meter Fahrstrecke würde mir der Zorn hoch schwappen wie ein schales Bier, dessen eklig pelzigen Geschmack man einfach nicht mehr loszuwerden vermag.

Ich brauche eine neue Route, in eine andere Region. Ich muss die Reset-Taste drücken, Thüringen abhaken und meinen Urlaub völlig neu planen. Drei Tage sind allerdings nicht besonders viel Zeit für Brainstorming, Routenplanung und Recherche. Besonders dann nicht, wenn es strenggenommen nur drei Feierabende sind. Daher wird auch das Konzept komplett überdacht und völlig neu gestrickt. Statt einer für meinen Geschmack eh zu soften »all-inclusive-Tour« mit vorgebuchten Übernachtungen und vorausge-wählten Touristen-Spots, wie sie ja viele Radreisende unterneh-men, soll es das komplette Gegenteil, eine Suprise-Reise werden; eine Fahrt ins Ungewisse, dafür aber auch ohne jegliche Verpflich-tungen gegenüber irgendwelchen Herbergsvätern und Veranstal-tern. Das Bike, der Track und ich - der Rest wird sich dann schon irgendwie ergeben.

Als Ziel steht ziemlich schnell der Harz fest. Den Brocken habe ich schon seit gefühlten Ewigkeiten auf meiner Wunschliste ziem-lich weit oben stehen. Warum also nicht? Da der Harz auch per Pedale gut erreichbar ist und mir die Preise der Bahn beinahe die Tränen in die Augen treiben, bastel ich mir einen Track für mein GPS-Gerät, der mich direkt südlich von Hamburg und wann im-mer möglich abseits von Straßen, auf Feld- und Wanderwegen, auf den Brocken führen wird. Wegbeschaffenheit und Trailanteil lassen sich der digitalen Karte allerdings kaum entnehmen. Da werde ich mich doch einfach mal überraschen lassen müssen.

8.

Auf los geht's los

Das Rad ist geputzt, die Kette geölt und das Gepäck zumindest schon zur Hälfte verstaut. Es kann losgehen. Beinahe jedenfalls. Sobald der Geschirrspüler irgendwann mal seinen Waschgang beendet haben wird, will ich endlich aufbrechen.

Es ist schon erstaunlich, was technisch inzwischen alles möglich ist. Meine Eltern spülten stets noch alles von Hand - in penibler Reihenfolge, denn die ist essentiell. Zuerst Gläser, dann Besteck, anschließen wurden die Teller und Töpfe und zum Abschluss die Pfannen im Seifenwasser versenkt. Die anschließende Trocknung übertrug man dann gern uns Kindern. Die Begeisterung hielt sich verständlicherweise in Grenzen. Was für eine zeitraubende und stumpfsinnige Prozedur, mit einem klammen Geschirrtuch über Teller und Bratpfannen zu wischen.

Heute geht das mit dem Geschirrspülen ja alles viel einfacher, schneller und bequemer. Und dennoch stöhne ich schon beim Gedanken daran, die »Emma« be- oder entladen zu müssen. Dabei spart sie mir so viel Zeit. Zeit, in der man schon andere Dinge erledigen kann. Staubwischen oder die Wohnung saugen beispielsweise; einkaufen gehen oder - wie in meinem Fall - nochmal die Packliste durcharbeiten.

Viel nehme ich eigentlich nicht mit. Und doch bekomme ich die Ausrüstung kaum am Rad verstaut. Zelt und Schlafsack sind unverzichtbar. Noch viel wichtiger ist die Isomatte. Damit sind der

Lenker und der an die Sattelstütze montierte Gepäckträger aber bereits an der Kapazitätsgrenze angekommen. Ich frage mich immer wieder, wie andere Bikepacker das wohl machen. Der typische Radreisende hat an seinem Tourenrad vorne als auch hinten Gepäckträger montiert, auf denen sich in diversen Packtaschen ein halber Hausstand unterbringen lässt - den so mancher dann auch tatsächlich mitzuschleppen scheint.

Gaskocher inklusive Ersatzkartusche, Campingstuhl, Lebensmittel, Topf, Pfanne und Besteck, ein zweites Paar Schuhe und die Ausgehklamotten, sowie Kameraausrüstung, ein Solarpaneel, die Flugdrohne und das aktuelle Lieblingsbuch - für all diese Dinge findet sich da irgendwie Platz.

Bikepacker sind da ja nun eher spartanisch unterwegs. Das liegt nicht zuletzt an einem eher sportlichen Fahrstil und entsprechender Erwartung an die Reisegeschwindigkeit, sondern vielmehr auch am gewählten Untergrund, der konzeptbedingt nicht immer asphaltiert ist - ja mitunter gar teils recht ruppig werden kann. Und doch muss, anders als bei einem klassischen Alpencross mit dem MTB, bei dem ein Tagesrucksack ausreicht, weil man ohnehin in Almhütten nächtigt und speist, ein Bikepacker alle notwendigen Dinge für die Alltagsbewältigung am Rad mitführen.

Meine Regenklamotten quetsche ich mit viel Mühe noch in den Packbeutel vom Schlafsack. Eine Windweste, die Ersatzhose und das Wechseltrikot, ein zweites Paar Socken und schon ist auch der Rucksack, auf den ich mit Hinblick auf meine chronischen Bandscheibenprobleme eigentlich gern verzichtet hätte, bereits zur Hälfte gefüllt. Zwei Liter Wasser und ein wenig Verpflegung muss ich da aber auch noch unterbringen.

Jonas Deichmann fuhr als Bikepacker 20.000 Kilometer von Dubrovnik nach Wladiwostok und ich frage mich, während ich mit der Verstauung meiner auf einen Hauch von Nichts eingedampften Ausrüstung kämpfe, wie er es schaffte, sogar winterkonforme Ausstattung in Lenkerrolle und die als Arschrakete bezeichnete Satteltasche zu stopfen. Sollte ich ihn zufällig treffen, werde ich ihn fragen. Ganz bestimmt!

Noch eine Minute, verrät mir das Hightech-Gerät, das nicht nur diverse Spülprogramme wie etwa *»Schongang«*, *»Klarglanz«* oder *»Öko«*, sondern auch eine Anzeige der Restlaufzeit zu bieten hat. Hätte ich denn wissen können, das mit Restlaufzeit offenbar die Lebenserwartung des Geschirrspülers gemeint ist?

Die Anzeige springt auf Null, mit einem gurgelnden Gluckern pumpt die Maschine das Dreckwasser ab. Allerdings auf kürzestem Weg direkt auf den Küchenfußboden. Ich stehe sockfuß in der Abwasserlache und schlage die Hände über dem Kopf zusammen. In ähnlicher Panik muss man am 14. April 1912 die Wassermassen empfunden haben, als die Titanic leckschlug.

No panic on the titanic - oder doch? Wo zum Henker ist bei diesem Gerät der Notaus-Knopf? Wann hört diese Ausgeburt der Hölle endlich auf, übereifrig und unkontrolliert das schmutzige Seifenwasser in meine Wohnung zu pumpen, wie ein Pubertierender klebriges Ejakulat in seinen ersten One-Night-Stand?

9.

Nackedei

Wischmopp und Putzlappen kreisen hastig durch die Küche. Zugegeben, das war ohnehin längst mal wieder fällig, fand heute allerdings absolut außerplanmäßig statt. Und in weniger als zwei Minuten eine Küche feudeln, muss mir ja auch erst mal jemand nachmachen.

Das Frühstück fällt der Verspätung zum Opfer. Es ist immerhin schon kurz vor elf Uhr, als der regionale Bummelzug mich samt meinem Bike im beschaulichen Buchholz in der Nordheide ausspuckt. Vom Kiosk neben dem Bahnhof, wehen sehr verlockende Düfte zu mir herüber. Doch ich bin wirklich spät dran und es werden zunächst ein paar Kilometer abgerissen werden müssen, will ich nicht womöglich heute noch direkt am Bahnhof übernachten. Erst in Wilsede kehre ich in einem von Wandertouristen bevölkerten Restaurant ein und gönne mir eine mehr als leckere und auch verdiente Bratwurst, die aber, eingeklemmt zwischen der Vielzahl von bunten Rucksäcken und überaus kunstvoll geschnitzten Wanderstöcken, eher verschlungen als gegessen werden muss; denn die Heidekutsche spült bereits die nächste Ladung lauffauler Rucksackträger ins Lokal und es bildet sich eine große Menschentraube, die mit lauernden Blicken auf das Ergattern meines Sitzplatzes drängt. Sich unnötig Zeit zu lassen, könnte ernsthafte Folgen haben. Hier draußen, fernab der Großstädte, weht bestimmt ein anderer Wind. Wer weiß, wie rückständig die Bevölkerung hier auf dem Lande tatsächlich noch ist? Ich sehe es schon vor mir, wie sie mich, ihre Fackeln und Heugabeln schwingend, auf einen Scheiterhaufen zerren. Ich hau lieber schnell ab - sicher ist sicher.

Am Wilseder Berg vorbei, geht es immer fleißig gen Süden. Ich komme recht gut voran. Auch, weil ich mir den einen oder anderen Schlenker in die Heide spare. Ich verpasse freilich schöne Ausblicke, kann dies aber verschmerzen, da ich die Lüneburger Heide bereits bei anderen Radtouren mehrfach besucht habe. Ich versäume also zumindest nichts, was ich nicht schon kennen würde. Zudem habe ich die schönste Zeit, die Monate August und September, in denen das allgegenwärtige Violett der Blühten bis zum Horizont reicht, ohnehin verpasst. Und da sich die zweite und damit allerdings auch schon letzte Sehenswürdigkeit der Region, die Heidschnucke, äußerlich auf den ersten Blick nur unwesentlich vom ordinären Hausschaf unterscheidet, verschwende ich keine Zeit mit der Suche nach ihr.

Schnell stelle ich fest, dass eine Nord-Süd-Durchquerung der Region in relativ kurzer Zeit vollzogen ist. Und so geht die flache Heidelandschaft mit ihren sanften, fast unentwegt mit Besenheide bewachsenen Hügeln, recht zeitnah in einen dichten Kieferwald über. Auf Höhe Bispingen kommt mir dann in einem Waldstück, freundlich grüßend, ein Wanderer entgegen. Ganz klassisch ist er unterwegs; mit Hut, Rucksack und Wanderstock. Er ist auch nicht der erste, dem ich hier begegne und diese Begegnung wäre daher grundsätzlich auch keiner besonderen Erwähnung wert. Das dieser Wanderer kein T-shirt trägt, erscheint ein wenig außergewöhnlich, ließe sich aber mit den hohen Temperaturen von über 32 Grad freilich noch erklären. Warum aber auch seine Hose im Rucksack verschwunden ist, gibt mir Rätsel auf. Und während ich auf der Weiterfahrt darüber sinniere, begegnet mir ein weiterer Wandersmann. Er trägt ebenfalls Stock, Hut und Rucksack. Diesem Freund der Wanderslust, und die Betonung muss hier wohl eindeutig auf Lust liegen, ist aber selbst die Unterhose abhanden gekommen. Frei baumelnd, hängt das Sinnbild seiner Männlichkeit in der

Sonne. Was soll ich sagen, es ist wie der berüchtigte dreibeinige Hund. Schön ist es nicht - man guckt aber trotzdem hin. Das ist ein Anblick, den man selten sieht, leider aber auch nie wieder vergisst! Denn was ich da sehe, erinnert mich an eine etwas zu lang gegrillte Thüringer. Offenbar ist der Mann schon eine ganze Weile *»unten ohne«* unterwegs.

10.

Panzer und anderer Irrsinn

Ich rolle am Ortsschild von Munster vorbei. Die Stadt ist bekannt für sein Panzermuseum, und genau das wollte ich mir ursprünglich ansehen. Als ehemaliger Zeitsoldat bin ich an einer solchen Ansammlung von Kriegsgerät tatsächlich interessiert, auch wenn ich heute solchem Gerät seine Daseinsberechtigung und den Sinn seiner bestimmungsgemäßen Verwendung absprechen muss.

Vor 20 Jahren sah das anders aus. Ich war jung und naiv. Überzeugt davon, mich mit meinem Dienst an der Waffe einer guten Sache verschrieben zu haben, wäre ich im Zweifel tatsächlich blind und gehorsam in den sichern Tod gelaufen, hätte mich als Kanonenfutter für die Interessen der Wirtschaft und ihrer Bosse, die selber keinen Finger krumm machen würden, schlicht verheizen lassen.

Im zweiten Weltkrieg betrug die statistische Lebenserwartung eines Unteroffiziers der Panzergrenadiere nur 43 Sekunden. Eine äußerst fatale Bilanz. Dennoch sah ich mich als Verteidiger unserer Grundwerte, des Friedens und unseres Wohlstandes - als Beschützer der Bevölkerung. Verdammt, was war ich doch naiv.

Von Kriegen profitiert einzig und allein die Elite unserer Gesellschaft; die Damen und Herren Wirtschaftsbosse. Sie zetteln Kriege an, indem sie wirtschaftliche Konflikte schüren und verdienen am Verkauf von Kriegsgerät, an Aktieneinbrüchen, am anschließenden Wiederaufbau und der zwangsläufig auf Hochtouren anlaufenden Wirtschaft gleich nochmal. Und welche Nation diesen Krieg nun gewinnt, ist irrelevant. Denn die garantierten Gewinner stehen bereits vorher fest - die Verlierer auch. Und die Verlierer, das sind hungernde und obdachlose Zivilisten; ihrer Heimat, Identität, Zukunft und Familien beraubt. Und es sind die Soldaten, ganz gleich welche Uniform sie tragen. Wer von ihnen überhaupt zurückkehrt, ist innerlich tot, eine seelenlose Hülle - ein Wrack.

Der Wegweiser - Panzermuseum Munster - will mich nach rechts führen, ich biege nach kurzem Zögern, ohne überhaupt auf die Karte geschaut zu haben, demonstrativ nach links ab!

Krieg - Nein, danke!

Der gefahrene Umweg bringt mich noch ärger in Zeitverzug. Die Rezeption des Campingplatzes bei Celle, den ich heute für die Übernachtung auserkoren habe, wird um 17 Uhr schließen. Das wird 'ne knappe Kiste, zumal ich noch nicht mal den dafür notwendigen Corona-Test in der Tasche habe.

Die aktuelle Covid-Situation ist mit schwierig wohl noch recht schmeichelhaft umschrieben. Die Schreckensbilder aus Asien und Südeuropa, die überbelegten Intensivbetten und erschreckend vielen Todesfälle, schwirren den Menschen besorgniserregend in den Köpfen umher. Und Corona wütet nun bereits seit Monaten auch bei uns in Deutschland. Keine der bisher getroffenen Maßnahmen zeigt in irgendeiner Form Wirkung. Wie aber umgehen, mit diesem völlig neuartigen und unbekannten Virus? Niemand hat darauf eine halbwegs plausible Antwort. Was unsere Regierung veranstaltet, ist jedoch insgesamt eher hilflos als hilfreich. Hatte ich denn tatsächlich mehr erwartet, von einem Gesundheitsminister, der Berufspolitiker und eigentlich eben eher rhetorisch geschliffener Redenschwinger und kein Experte für Gesundheit ist?

Aus Berlin kommen fast täglich neue, aberwitzig anmutende Hirnfürze, denen sich die Bevölkerung zu beugen hat. Es gilt 1,5

Meter als Sicherheitsabstand einzuhalten. Diese tolle Idee wurde ja bereits nach den Silvestervorfällen am Kölner Dom aus der Taufe gehoben und scheint ein richtiger Evergreen von geistiger Diarrhö werden zu wollen.

Masken statt Halstücher sollen wir nun tragen, während (oder vielleicht grade weil) der Lebensgefährte unseres Gesundheitsministers im Verdacht steht, in sehr fragwürdige Geschäfte mit den Zwischenhändlern verwickelt zu sein.

Und es gab zeitweilige Ausgangssperren und Kontaktverbote, die zum Glück, zumindest vorübergehend, wieder aufgehoben wurden. Die Regelungen dazu entbehrten ohnehin jeglicher Logik. Menschen durften sich nicht mit mehr als zwei Personen auf der Straße, durchaus aber in der Wohnung treffen.

Im Klartext hieß das: Wollte meine Tochter mit einer Freundin vor der Haustür Ball spielen, war das verboten; weil ich als Aufsichtsperson ein Sicherheitsrisiko darstellen würde. Schließlich versammeln sich unter diesen Umständen mehr als zwei, nicht zu einem Haushalt gehörende Personen im Freien. Die Freundin meiner Tochter dürfte jedoch immer noch bei uns zu Hause empfangen werden. Das sind dann zwar auch drei Personen, die nicht aus einem Haushalt stammen, nun allerdings findet das Treffen nicht im Freien statt und ist legitim.

Ich kenne mich da zwar nicht so aus - ich hatte schließlich eine Fünf in Biologie, aber offenbar ist Corona an der frischen Luft deutlich ansteckender als in geschlossenen Räumen.

Auch Ausgangssperren nach 22 Uhr wurden verhängt. Und das macht natürlich jede Menge Sinn: Viren sind absolut nachtaktiv, das weiß doch jeder. Zugegeben, das Ganze klingt zwar nicht logisch, aber unsere Bundesregierung wird schon wissen was sie tut, daran wird doch niemand zweifeln wollen, oder?

Übernachtungen in Herbergen sind vorerst aber wieder erlaubt. Allerdings gilt das nur für Menschen, die zweifelsfrei und nachweisbar eine Infizierung mit Covid 19 ausschließen können. Für mich bedeutet das nun im Klartext: Täglich einen Test in einem der wenigen offiziellen Testzentren absolvieren, vor denen ich mit dutzenden anderen, womöglich infizierten Menschen, stundenlang in einer Schlange anstehen und warten muss. Wie war das mit den drei Personen und dem Zusammentreffen im Freien? Offizielles Testzentrum? Eine amtliche Vollmeise bekomme ich allmählich bei dem ganzen Zirkus.

Landschaftlich reizt die Gegend mit ähnlich langweiliger Monotonie wie Nordfriesland - und mich somit mal so gar nicht. Flache, mit sattgrünem Gras bewachsene Koppeln wechseln sich mit ebenso flachen Äckern ab. Man kann weit sehen, das Auge mag aber gar nichts Sehenswertes erblicken. In Niedersachsen fehlen sogar die für Friesland typischen, am Deich grasenden Schafe. Mal rolle ich auf Teer, mal auf Schotter - in jedem Fall aber immerhin abseits befahrener Straßen. Und ich komme zügig und vor allen Dingen ohne Autoverkehr und somit stressfrei vorwärts; trotz Gepäck zeigt der Tacho eine Drei vorne an. Den Campingplatz erreiche ich dennoch zu spät. Die Rezeption hat bereits geschlossen. Das ist insofern bedauerlich, als das ich nach den 110 absolvierten Kilometern einer Dusche nicht ganz abgeneigt gewesen wäre. Meine Achselhöhlen, in denen das inzwischen mehrfach nachgelegte Deo hilflos kapitulierend die weiße Fahne schwenkt, riechen unangenehm penetrant. Selbst die Mückenschwärme beginnen mich zu meiden; das ist kein gutes Zeichen.

Nun stellt sich mir die Frage, wie ich den Rest des Abends gestalten werde, wenn nicht unter der warmen Dusche. Radfahren ist irgendwie das Naheliegendste und so setze ich meinen Weg fort und fahre bis zum Einbruch der Dämmerung weitere 34 Kilometer dem Harz entgegen.

Das Tageslicht schwindet erheblich schneller, als ich erwartet hatte. Mit den letzten Sonnenstrahlen baue ich mein kleines Zelt unmittelbar am Wegesrand einer geschotterten Ausfallstraße auf. Ganz wohl ist mir nicht dabei; in Steinwurfweite kann ich die Dächer einer kleinen Ortschaft ausmachen. Wildcampen ist leider illegal und ich fürchte, von einem spätabendlichen Gassigänger, der vor dem Zubettgehen noch eben mal schnell seinen Fiffi auswringen will, zur Rede gestellt, oder bei der Polizei angeschwärzt zu werden.

Moralisch kann ich mein Handeln absolut vertreten. Ich hinterlasse generell keinen Müll und verhalte mich ruhig und unauffällig. Und wären seit dem Niedergang des Neandertalers nicht bereits 30.000 Jahre vergangen, wäre es auch das Normalste der Welt, in der Natur zu schlafen. Und wo genau beginnt eigentlich Natur? Die rund 200 Quadratmeter Rasen hinter meinem Haus sind doch auch Teil dieses Planeten. Regenwürmer, Schnecken und auch ein Maulwurf fühlen sich dort pudelwohl. Das ist doch auch Natur! Während jeder Schrebergärtner Schneckenkorn und Rattengift streuen, Wühlmausfallen aufstellen, Rosendünger und Blattlausgift auf »*seinem*« Stück Planet spritzen darf, soll ich nun der Natur Schaden zufügen, wenn ich lediglich darin schlafe? So schlimm wird das schon nicht sein.

Kaum habe ich den letzten Hering in den Erdboden getreten, höre ich einen hubraumstarken Dieselmotor näherkommen. Das Pfeifen des Turboladers kann das harte Nageln nicht übertönen, das eine mehr als dringend notwendige Ölstandkontrolle signalisiert. Der Traktorfahrer quält sein Arbeitsgerät auf erbärmliche Weise. Mit Vollgas pflügt er durch Bodenwellen und Schlaglöcher, von denen der Weg hier übersät ist, wie ein Straßenköter von Parasiten, und hüllt mein Zelt erst in das grelle Licht seiner Arbeitsscheinwerfer, dann in eine dichte Staubwolke.

»*Das war's*«, denke ich mir.
Jetzt wird Bauer Bolle vermutlich gleich das Handy aus seiner Latzhose ziehen, um gesetzestreu zu melden, dass hier ein krimineller Radnomade vor seinem Acker illegal sein Quartier errichtet hat. Gleich werden die netten Herren in Uniform auftauchen und mich maßregeln, mir ein Ordnungsgeld und einen Platzverweis aussprechen und mich dann vermutlich im Anschluss erneut zur

Kasse bitten, weil ich vor ihren Augen auf ein Fahrrad ohne Beleuchtung steige.

Ich überlege mir bereits die wildesten Ausreden. Ich könnte ja behaupten, mit einem Plattfuß liegengeblieben und von der Dunkelheit überrascht worden zu sein. Dann würden die Beamten aber vermutlich mein Rad wegen der nicht gesetzeskonformen Ausstattung beschlagnahmen. Das ich mich schlicht verfahren habe, werden sie mir angesichts meines GPS-Gerätes wohl auch nicht abkaufen. Wie handhaben die das wohl mit Obdachlosen? Die campieren ja auch wild; wenn auch eher innerstädtisch auf Parkbänken oder in menschenleeren Fußgängerzonen. Als Obdachloser würde ich von Geruch und Grad der Verschmutzung sicher problemlos durchgehen. Aber ein Penner mit einem Mountainbike? Das glaubt mir doch kein Schwein.

Der Landwirt nimmt zum Glück kaum Notiz von mir. Ein kurzer ungläubiger Blick, während er das Tempo drosselnd an mir vorbeifährt, ein irritierter Gesichtsausdruck seiner- und ein entschuldigender meinerseits, dann tritt er das Gaspedal bereits wieder durch; soweit, dass sein Fuß vermutlich ein Loch im Bodenblech des Treckers hinterlassen haben wird. Der Bauer zieht von dannen, seinen Güllehänger weiter durch die Schlaglöcher und eine penetrante Geruchswolke hinter sich her. So riecht also die frische Landluft, aha!

Ich lege mich, schmutzig wie ich nun mal bin, in den Schlafsack, schließe die Augen und lausche den Geräuschen der Natur. Als ich sie einige Minuten später wieder öffne, ist es bereits vollständig finster. Es dauert einige Augenblicke, bis ich begreife, dass die phosphoreszierenden Lichter vor meinem Zelt weder Halluzination sind, noch eine Invasion der Marsianer stattfindet. Was da zu Hunderten grünlich-gelb im Dunkeln schimmert, sind Glühwürmchen. Ich habe noch nie welche gesehen und bin völlig fasziniert von diesem atemberaubenden Schauspiel.

11.

Fast Food

Es gibt Dinge, die wollen Menschen, obwohl sie nicht wirklich gut sind. Hartz IV-Empfänger werden beispielsweise. Genau das aber soll bei Umfragen unter Jugendlichen tatsächlich einer der meistgenannten Zukunftswünsche sein. Auch billige Computerchips in einer mit einem Apfel bedruckten Kunststoffhülle zu horrenden Preisen kaufen, tun wir. Und Auto fahren, obwohl man davon fett wird und die Umwelt verpestet. So ähnlich ist das auch mit Fastfood. Es ist teuer, hat keinerlei nennenswerten Nährwert und sättigt nur für ein paar Minuten, was eine gewisse Rückfallquote garantiert. Obendrein schmeckt das Essen, wenn man das überhaupt als solches bezeichnen kann, ziemlich pappig. Auch der optische Eindruck lässt zu wünschen übrig, was wohl der Grund sein dürfte, aus dem die Cheesburger in einer wahren Flut an Papier und Pappkartons versteckt werden. Christian Rach, Deutschlands wohl populärster Restauranttester und bekannt für eine deutliche, die Tatsachen auf den Punkt bringende Ausdrucksweise, würde vermutlich behaupten, er hätte den Eindruck, ihm hätte ein bekiffter Clown auf den Teller gekackt. Und doch gibt es Menschen, die haben gelegentlich einen regelrechten Junker auf die totale Verarsche der eigenen Geschmacksrezeptoren und essen Fast Food. Ich zum Beispiel - jetzt gerade.

Inzwischen rolle ich durch die Löwenstadt Braunschweig. Einst der Herrschaftssitz von Herzog Heinrich, zeugt die Stadt noch heute vom einstigen Reichtum und Prunk seines Adels. Das das einfache Volk bettelarm war und am Rande des Existenzminimums lebte, wird natürlich nur allzu gern verschwiegen. Aber davon, dass die Hartz-Reform ähnliche Auswirkungen für unsere Epoche hatte, wird später in den Geschichtsbüchern sicher auch nicht viel zu lesen sein.

Für seine Gäste hat die Universitätsstadt in jedem Fall deutlich mehr zu bieten, als nur einen mich im Moment magisch anziehenden McDoof; unter anderem die Burg Dankwarderode. Der Herzog ließ die Burg um 1175 erbauen. Sie wurde, nach vielen Veränderungen und einem Brand, um 1906 durch Ludwig Winter völlig neu errichtet. Dort, wo sich heute der Turm der Burg befindet, stand im 12. Jahrhundert eine Burg-kapelle, deren Fundamentreste in den 1880er Jahren gefunden wurden. Wieder aufgebaut wurde die Kapelle jedoch leider nie. Die Burg enthält heute unter anderem ein Museum. Im Knappensaal der Burg präsentieren sich Teile des Welfenschatzes und wertvolle liturgische Gewänder. Im Obergeschoss befindet sich der prächtige Rittersaal.

Aus dem 12. Jahrhundert stammt neben der Burg auch die Stiftskirche St. Blasii, der heutige Dom und der Burglöwe, der sich auch vor dem Dom zu Ratzeburg in Schlewig - Holstein finden lässt.

Gern hätte ich mir Dom und Burg auch von innen angesehen, doch wegen der Pandemie ist alles verschlossen; verriegelt und verrammelt, als stünde eine Belagerung bevor. Bleibt mir nur, die beeindruckende Architektur und ihre monumentale Größe von außen zu besichtigen und in ihren Dimensionen auf mich wirken zu lassen. Ziemlich erstaunlich, wie lange Bauwerke der Zeit trotzen können; insbesondere, oder womöglich gerade weil es moderne Baustoffe wie wir sie kennen, damals noch gar nicht gab. Noch erstaunlicher aber finde ich, dass diese Bauwerke überhaupt existieren. Ihr Bau muss Hunderttausende von Arbeitsstunden zu völlig unmenschlichen Arbeitsbedingungen verschlungen haben. Den

Presslufthammer, Betonmischer und Telekran, hatte man ja noch gar nicht erfunden. Jeder verbaute Stein wurde händisch mit Hammer und Meißel behauen, auf einen Pferdekarren gehoben, an Seilen auf wackelige Holzgerüste gezogen und anschließend vermauert. Das diese harte Arbeit mit so grobmotorischen Mitteln, derart kunstvoll fertiggestellt wurde, haut mich wirklich aus den Latschen.

Aus den Latschen haut mich aber gleich auch mein sinkender Zuckerspiegel. Ich muss dringend mal etwas essen. Und mich gelüstet nach derart viel mittelalterlichem Prunk, nach der Schlichtheit der Moderne; nach einem Burger, nach in Majo ertränkten Pommes und 'ner großen Cola mit Eiswürfeln, an der die Titanic zerschellen könnte. Bekiffter Clown hin oder her - auf zu Mäckes!

12.

Waschtag

Der Streckenverlauf hinter Braunschweig wird zusehends hügeliger. Längst habe ich das Harzvorland erreicht. Die Strecke begleitend, wachsen die Erhebungen der Landschaft zusehends und merklich in die Höhe und lassen erahnen, dass bald einige kräftezehrende Anstiege, aber eben auch flowige Abfahrten auf mich warten werden. Für einen waschechten »*Holsteiner Jung*«, der bei seinen Trainingsrunden selbst auf 50 Kilometern keine 300 Höhenmeter zusammenbekommt, weil außer Deichen und Kantsteinen schlicht keine Erhebungen vorhanden sind, bietet sich ein völlig unbekanntes aber sehr reizvolles Landschaftsbild. Die Mischwaldbaumkronen auf den sanft geschwungenen und sonnenbeschienenen Hügeln, scheinen nach den Wolken greifen zu wollen. Ungewohnt ist es, nicht bis zum Horizont, sondern nur bis zur nächsten Kuppe blicken zu können; erheblich abwechslungsreicher gestaltet sich dadurch das Radfahren.

Wer jemals durch Friesland radelte oder Südjütland in Dänemark besuchte, kennt das ernüchternde Gefühl, über Stunden schnurgeraden Wegen durch karge Wiesen und Felder zu folgen. Man sieht oft bereits schon, was man erst in einer Stunde erreicht haben wird. Dort gibt es keinerlei Überraschungseffekte.

Hier ist das nun völlig anders. Die Wege sind der Topographie angepasst und schmiegen sich geschwungen an die Bergflanken oder winden sich serpentinenartig hinauf. Der Blick reicht oft nur ein paar Dutzend Meter weit bis zur nächsten Bergkuppe oder

Kurve und verfängt sich nicht selten im dichten Grün des Waldes. Und so wartet hinter nahezu jeder Biegung etwas Neues, an dem sich das Auge erfreuen kann. Mal ist es ein herrlicher Ausblick auf die Dächer einer im Tal gelegenen Ortschaft, mal ein sich den steilen Hang herunterwindender Bach oder eine sonnengeflutete Lichtung. Schön ist es hier; richtig idyllisch. Doch anhalten, einen Augenblick verweilen und genießen, ist einfach nicht drin. Sobald ich stehenbleibe, schwirren angelockt von meiner transpirations-bedingten und recht strengen Duftnote, wahre Horden an Mücken um mich herum und stürzen sich angriffslustig auf mich, wie ein Schwarm Piranhas. Bis zu 40 cm groß, können einige Piranha-Arten werden, hab mich mal gelesen. Sehr viel kleiner scheinen mir die Mücken hier auch nicht zu sein. Wie das Schneiderlein aus dem Märchen und gewiss auch nicht weniger tapfer, versuche ich, immer gleich sieben auf einen Streich mit der Hand zu erwischen und sie in die Form einer Oblate zu transformieren. Der Erfolg ist mäßig. Einer Hydra gleich, der für jeden abgeschlagenen Kopf sofort zwei neue nachwachsen, scheint sich die Anzahl der Blut-sauger permanent zu vervielfachen. Längst fällt das Verhältnis von Trefferquote vs. Einstiche ganz klar zu meinen Ungunsten aus und es hilft nur die Flucht.

Ich folge einem geschotterten Wanderweg, der sich an das dicht mit Schilfgras bewachsene Ufer eines Bachlaufs, vermutlich ein Zulauf der Oker, schmiegt; passiere einige gepflegte Schrebergär-ten mit akkurat angelegten Kartoffelbeeten und penibel gestutz-ten Beerensträuchern, um urplötzlich im Zentrum Wolfenbüttels wunderschöner Altstadt ausgespuckt zu werden. Nach wenigen weiteren Metern, stehe ich auf dem Exerzierplatz vor dem Wasser-schloss. Zweifelsohne eine sehr beeindruckende Kulisse, die ich allerdings vorerst keines Blickes würdige. Mich zieht es unver-züglich zum Brunnen.

Die wenigen Passanten auf dem Platz bedenken mich mit verächt-lichen Blicken, während ich am Brunnenrand sitzend meine Beine ins kühle Nass tauche.

»Nein, ich will mich hier nicht waschen«, versichere ich einer besonders empörten Spaziergängerin auf entsprechende Nachfrage und ich füge, um meine Aussage zu unterstreichen, ein *»Ehrlich, das Wasser war vorher schon so schmutzig«*, hinzu.

Das Wasser war wirklich vorher schon schmutzig. Es hat eine grün-bräunliche Färbung, die im Grunde undefinierbar ist. Trotz meiner Ausbildung zum Maler und Lackierer, kann ich sie keinem RAL-Farbton auch nur annähernd zuordnen. Designtapeten von Modepapst Heribert Glöcklein oder wie der heißt, haben solche Farben. Die müssen schließlich auch nicht schön, sondern primär (oder auch nur) ausgefallen und exklusiv sein.

»Pastell-Erbrochenes« oder *»Klärgruben-Grün«* würde ich diese, tatsächlich an Abwasserschorle erinnernde Farbgebung der so genannten *»Kreationen der Innenraum-Wandgestaltung« wohl* nennen, die ich kürzlich voller Entsetzen in einem dieser Tapeten-Onlineshops entdeckte. Aber ich bin ja auch immer viel zu direkt und fern von diplomatischem Fingerspitzengefühl - vor allen Dingen aber eben auch von jeglicher Verkaufsaffinität bezüglich solcher Geschmacksverirrungen.

Andere Menschen, die, die solchen Schund an den Mann zu bringen versuchen, drücken sich rhetorisch zweifelsfrei etwas geschickter aus und bewerben mit blumiger Wortwahl, das mit eintönig langweiligen Punkten bedruckte Altpapier in spe, von dem eine Rolle zwar gerade mal 7 Quadratmeter umfasst, dafür aber nun - sicher ganz zur Freude der Kunden - im Preis reduziert ist.

174,90 €, statt 270,95 € kostet die Rolle nun - nur noch! Ein Schnäppchen! Da sollte man doch mal zuschlagen. Allerdings nicht im wortwörtlichen Sinne, auch wenn das Verlangen danach durchaus nachvollziehbar erscheint. Ungeklärt bleibt die insgeheim in mir schlummernde Frage, ob solche Designer diese Art von Tapeten entwerfen bevor, nachdem, oder während sie mit dem Burger-Clown um die Wette konsumieren.

Ganz freiwillig hocke ich zugegebenermaßen nicht auf allen Vieren im schmutzigen und an Glöcklein-Tapeten erinnernden Brunnenbecken. Die zahllosen Mückenstiche jucken nicht nur, sie brennen, als hätte man mir Terpentin injiziert. Ob es an der Sonnencreme liegt, deren Auftrag ich bei 35 Grad Celsius für sinnvoll erachtet hatte, oder die Mücken aus irgendeinem mit Pestiziden verseuchten Tümpel geschlüpft waren, ist im Moment nicht zu klären und vor Allem erst mal zweitrangig. Das kühle Nass, egal wie Bakterien belastet es auch sein mag (das spätabendliche Kneipenheimkehrer mit Vorliebe in öffentliche Brunnen pullern, ist ja aus eigener Erfahrung zur Genüge bekannt), verschafft zumindest eine kurzfristige Linderung.

Doch dieser Marktplatz hat schon weit schauerlichere Schauspiele, als einen schmutzigen und zumindest zeitweise obdachlosen Herumtreiber bei einem öffentlichen Waschgang zu sehen bekommen. Hier nämlich, wurden die berüchtigten Hexenprozesse, die wohl eines der düstersten Kapitel der Stadt darstellen dürften, abgehalten. Um 1600 n.Ch. wurden 114 Personen wegen Zauberei aktenkundig: 97 Frauen und 17 Männer. 58 Menschen wurden verurteilt. 50 von ihnen wurde lebendig verbrannt, drei enthauptet, vier immerhin nur ausgewiesen und eine Person starb bereits während der Inhaftierung, weiß Wikipedia zu berichten.

Viel eher als geplant, hatte ich mit Wolfenbüttel mein heutiges Tagesziel erreicht. Das ist insofern erfreulich, als das mir reichlich Zeit bleiben wird, die wunderschöne Stadt zu erkunden. Zunächst jedoch gedenke ich das Wolfenbüttler Testzentrum aufzusuchen, damit auch ja nichts der im Jugendgästehaus geplanten Übernachtung im Wege steht. Bevor ich mich auf eine Sightseeingtour durch Wolfenbüttel begeben, und vielleicht auch noch das Museum im Lessinghaus besuchen kann, wäre ohnehin dringend mal eine Dusche angeraten; ach was, sie ist unumgänglich. Seit Stunden bin ich durch die sengende Sonne gestrampelt und mein Körper hat wirklich jede verfügbare Schweißpore zur Kühlung des

Antriebsaggregats geöffnet. Das Bad im siffigen Stadtbrunnen hat sein Übriges bewirkt. Inzwischen rieche ich, als hätte ich einen Skunk in der Trikottasche versteckt. Den vorgesehenen Pflichtabstand, erweitern meine Mitmenschen inzwischen schon freiwillig um mehr als das Doppelte.

Öffnungszeiten: Mo - Sa von 9 - 16 Uhr.
Der Aushang am improvisierten Testzentrum, das im Grunde nur aus zwei Zelten und einer großen Anzahl von Absperrgittern besteht, die nicht vorhandene Besucherströme leiten sollen, frustriert mich. Ich brauche auch gar nicht erst nach der Uhrzeit zu schauen - heute ist Sonntag. Einmal mehr macht sich Groll angesichts unserer Gesundheitspolitik breit. Da wird nun der Bürger, möchte er den winzigen verbliebenen Rest von Reisefreiheit genießen, Kraft kurzfristig erlassener Beschlüsse, zum Erlangen eines täglichen Coronatests verpflichtet, und dann haben die wenigen überhaupt existierenden Testzentren, gar nicht täglich geöffnet. Prima!

Nun stehe ich da, mitten auf dem verlassenen Marktplatz vom 52.000 Einwohner fassenden Wolfenbüttel, mit meinem sonnenverbrannten Gesicht und aus jeder Körperpore nach Dreck und Schweiß stinkend; jede Hoffnung auf eine zivilisierte Unterkunft und vor allen Dingen eine Duschgelegenheit, die Grundvoraussetzung für einen Stadtbummel, inzwischen verloren, und gucke ziemlich dumm aus meiner extrem schmutzigen Wäsche.
Passanten sind in der inzwischen wie ausgestorben wirkenden Innenstadt Mangelware. Also frage ich Tante Google; die weiß ja eh immer alles. Einmal mehr vollziehe ich die aufwendige Prozedur: Handy aus dem Rucksack kramen, einschalten, warten, Pin eintippen, wieder warten, Handy einen Funkturm suchen lassen und dabei noch viel länger warten. Es dauert jedes mal eine gefühlte Ewigkeit, bis das Telefon einsatzbereit ist. Doch eingeschaltet will ich es nicht im Rucksack verstauen. Zu kurz ist mir die Akkulaufzeit und zu ungewiss, wann ich es werde wieder aufladen können.

Tante Google weiß tatsächlich, wo das nächste und sogar geöffnete Testzentrum auf meiner Route liegt. Möchte ich heute eine Dusche, ein weiches Bett und vor allen Dingen den dafür nötigen Coronatest, dann muss ich heute noch Bad Harzburg, den Touristenmagneten am Fuße des Brockens erreichen. Diese 35 Kilometer sollten aber noch zu bewältigen sein, auch wenn ich mich dann etwas sputen und die Sightseeingtour von Wolfenbüttel nach Bad Harzburg werde verlegen müssen. Schade, aber es könnte auch schlimmer kommen.

Bad Harzburg hat allerdings keine Jugendherberge. Die einzige, diesen schon vom Konzept her rustikalen, schlichten, aber eben auch kostengünstigen Unterkünften Nahekommende, ist offenbar das »*Naturfreundehaus*«, sagt mir Google. Das Wichtigste, nämlich ob es trotz Pandemie geöffnet hat, behält das Internet leider für sich. Es bliebe im Zweifel eben nur ein Hotel oder eine Pension. Dank des gestern gesparten Campingplatzes, sollte das aber doch durchaus in mein etwas knappes Budget passen.

13.

Schweinshaxe

Ich hätte in Wolfenbüttel bleiben sollen. Kaum bin ich aufgebrochen, fallen die ersten Tropfen vom Himmel - zuerst nur vereinzelt, bald immer dichter. Es ist diese Art von undefinierbarem Regen, der sich einfach nicht recht entscheiden kann, ob er nun ein leichter Schauer mit mittelgroßen Tropfen sein, oder doch zu einem dauerhaften Nieselregen mit mikroskopisch kleinen Wassertröpfchen anwachsen möchte.

Nicht minder unentschlossen bin ich bezüglich der Bekleidungswahl. Weiter in kurz/kurz, oder doch lieber die Regenjacke? Um die Frage zu konkretisieren: Will ich von innen oder von außen nass werden? Die Temperatur ist gefallen. In der Regenjacke wäre mir vermutlich dennoch zu warm; ohne wäre das Trikot allerdings schnell triefend nass und ich würde zu frieren beginnen. Ich entscheide mich daher für die Windweste. Die ist zwar nicht wasserdicht, wird aber durch das Zwiebelprinzip vermutlich lange genug warm halten. Weit ist es bis Bad Harzburg ja nicht und ich werde in etwas mehr als einer Stunde unter der warmen Hoteldusche stehen. Was soll da schon schiefgehen?

Ich habe es ziemlich eilig. Zeitdruck und Regen lassen mich erstmals während meinem Mountainbike-Abenteuer, die Reisegeschwindigkeit von »*Wohlfühlbereich*« auf »*sportlich*« anheben und daher fliegen Ohrum, Dorstadt und Heiningen förmlich vorbei. Es sind kleine verschlafene Nester, von denen (Einwohner und Postboten ausgenommen) noch kein Mensch je etwas gehört hat und in denen es, außer einem infrastrukturellen Nichts, nichts zu sehen gibt.

Anders ist das mit Werlaburgdorf. Zwar hab ich von dieser Gemeinde ebenfalls zuvor nie etwas gehört, und wohl auch sonst niemand, aber zu sehen gibt es was; die Königspfalz nämlich. Viel mehr als ein paar Ruinen sind aber leider nicht erhalten geblieben. Wie die Zahnfragmente eines Cracksüchtigen ragen sie aus dem Nichts der Landschaft hervor. Das hier einst mal Leben stattfand, wird nur mit viel Fantasie vorstellbar. Doch tatsächlich war hier bis zum 10. Jahrhundert noch schwer was los.

Der ganze Komplex scheint ursprünglich bedeutend größer gewesen zu sein, als sich anhand der verbliebenen Grundmauern erahnen lässt. Die Hauptburg muss eine kreisförmige Anlage mit einem Durchmesser von etwa 150 m gewesen sein. Dieser Burgbereich war mit einer etwa 1m starken Ringmauer und auch einem 9 m breiten und 4 m tiefen Graben umgeben gewesen; die Mauer hatte über zwei Tore und mehrere Türme verfügt.

Ich gucke, sehe aber wenig. Ein Turmtor ist noch erhalten. Ansonsten hier und da mal ein paar Mauerreste, nicht höher als die Kniekehle, einige Erdhaufen, die auch mal irgendwas gewesen sein dürften, und die für solche Orte üblichen Hinweisschilder, die eben nötig sind, weil man das Areal ansonsten auch ganz schnell mit der Abrissbaustelle eines Mehrfamilienhauses in Feldrandlage verwechseln könnte. Ein paar sehr alte Steine, mehr ist hier nicht. Die Königspfalz hatte ich mir offengestanden eindrucksvoller und imposanter vorgestellt; irgendwie etwas majestätischer.

Getrieben vom immer stärker werdenden Regen, erreiche ich Bad Harzburg vom nordöstlichen Rand der Stadt, halte ein Pärchen älteren Semesters in einem noch viel älteren Mercedes an, staune kurz über die auf der Hutablage drapierte Klorollen-Häkel-Puppe (die gibt es also tatsächlich) und frage nach Infos zu einer kostengünstigen Unterkunft, denn das Jugendgästehaus hat wegen der Pandemie tatsächlich geschlossen. War ja klar...

Herr und Frau Heinze, wie die beiden Alten sich höflich aber eigentlich überflüssigerweise vorstellen, erläutern mir zunächst erst einmal den Umstand ihres Ruhestandes. 40 Jahre wohnen sie nun schon im Ort - auch das weiß ich nun, obwohl ich gar nicht gefragt hatte. Wo sich das laut ihrer Aussage einfache, aber eben auch sehr kostengünstige Hotel befindet, jedoch noch nicht. Die Wegbeschreibung der Beiden ist etwas sehr irreführend.

»Über die große Kreuzung fahren«, müsse ich - soviel habe ich verstanden. Hat Herr Heinze ja auch inzwischen dreimal erklärt und seine Frau die Aussage ebenso oft mit einem überflüssigen *»einfach grade drüber«*, untermauert. Die weiteren Abbiegehinweise sind jedoch absolut wirr und bei jeder Wiederholung anderslautend. Ich bedanke mich zwar artig, setze aber meinen Weg noch immer völlig orientierungslos fort.

Ich könnte natürlich auch einfach googeln. Das hätte dann aber denselben Abenteuercharakter, als würde Fritz Meinecke, anstatt mit einem Feuerbogen selbst eins zu entzünden, sich einfach eine Lagerfeuer-DVD bei Amazon bestellen.

Ich rolle ins Zentrum von Bad Harzburg; irgendwas wird sich schon finden lassen, auch wenn bereits die Dämmerung einsetzt. Der Regen wird allmählich immer stärker. Hastig eilen die letzten verbliebenen Passanten durch die Fußgängerzone; tief unter ihre Regenschirme geduckt, als würde die krumme Haltung irgendetwas an dem ungemütlichen Schmuddelwetter ändern, verschwinden sie alsbald in Gassen und Nebenstraßen.

Der vollbärtige Mann vom Dönerimbiss kann zwar auch nicht mit Unterkunft weiterhelfen, aber zumindest die Abendverpflegung sicherstellen. Als ich mich an einen der wenige freien Plätze im überdachten Außenbereich seiner Gaststätte setze, stehen andere Gäste auf und ziehen es vor, ihren Döner im Stehen auf dem Fußweg zu essen. Angesichts meiner völlig verdreckten Kleidung, kann ich das niemandem verübeln, bin aber nach rund 140 Km einfach zu erledigt, um den Anstand zu besitzen, mich statt ihrer zu erheben und den Gästebereich zu verlassen.

»*Bist du die Döner mit Bommes ohne Schaaf?*«, will man von mir wissen. Ich war auf dem Stuhl hockend, offenbar kurz eingenickt. Verschlafen blinzle ich einen schmächtigen Südländer in einer vermutlich einstmals weißen, nun aber vom Farbton undefinierbar speckigen Schürze an, der ziemlich unbeholfen auf einem kleinen Ttablett mein sehnsüchtig erwartetes Essen balanciert.

»*Lass es bitte nicht fallen - es starben schon Menschen für weniger*«, denke ich. »*Nein, ich bin nicht die Döner. Ich bin der Olli aus Hamburg. Und ich hab Kohldampf - also gib schon her!*«, antworte ich ungeduldig.

Hunger ist in unserer Wohlstandsgesellschaft, in der wir täglich drei Mahlzeiten gewohnt sind, strenggenommen ja nun eher der Ausdruck von Appetit haben. Wenn der Magen knurrt, manchmal sogar laut vernehmbar, sprechen wir in der Regel bereits von Hunger, ohne uns der Definition wirklich bewusst zu sein. Hunger aber haben Menschen in Entwicklungsländern der dritten Welt. In Afrika zum Beispiel, stirbt alle 10 Sekunden ein Kind. Genau jetzt gerade, in diesem Moment!

Arme, hilflose und unschuldige Geschöpfe, die nun absolut gar nichts dafür können, auf dem »*falschen*« Teil der Erde zur Welt gekommen zu sein. Wie müssen sich die Eltern fühlen, wenn sie ihrem geliebten Kind, das noch das ganze Leben vor sich gehabt hätte, nun aber in ihren Armen liegt und für immer die Augen schließt, beim Verhungern zusehen müssen? Hilflos, machtlos, vielleicht sogar schuldig? Die Kinder sterben, elendig leidend, an Mangelernährung, während in Deutschland täglich Tonnen an Lebensmitteln in die Mülltonne geworfen werden. Nicht nur in Privathaushalten sondern auch - oder vielmehr besonders - in Supermärkten.

Aber auch in Deutschland gibt es Menschen, die nicht regelmäßig genug zu essen haben. Als Containerer bezeichnet man Menschen, die - entweder aufgrund finanzieller Engpässe, oder auch aus Überzeugung - aus Müllcontainern fischen, was durch Auflagen von Lebensmittelkontrolleuren und Gesundheitsamt als nicht mehr verzehrbar gilt. Mindesthaltbarkeitsdatum lautet das Schlüsselwort. Wobei das mit dem »*Mindest*« gern ausgeblendet und überreglementiert behandelt wird. Das sehen zumindest die Containerer so und möchten verwerten, was noch verwertbar ist. Das aber möchte der Supermarktbetreiber nicht. Die Menschen sollen gefälligst zahlungswillig an der Kasse, statt plündernd am Müllcontainer stehen.

In Deutschland ist Containern strafbar - in Afrika verhungert in genau diesem Augenblick wieder ein Kind! Think about!

Im Winter 1999, während Wohlstandsdeutschland sich die bis zum Bersten gefüllten Speisekammern über die Festtage wieder leer fraß, lernte ich wie Hunger schmeckt. Vorausgegangen war meine im August mehr oder minder erfolgreich abgeschlossene Berufsausbildung. Naja, zumindest hatte ich die Abschlussprüfung bestanden. Als nun stolzer Besitzer eines Gesellenbriefes, wurde ich zwar vom Ausbildungsbetrieb übernommen, hielt es dort aber nicht lange aus. Ich blieb, was ich drei Jahre lang in dem Unternehmen gewesen war: Der Knecht, der Laufbursche, der Handlanger. Von oben herab behandelt, bekam ich nun ausschließlich die Aufgaben zugewiesen, die andere Kollegen nicht erledigen wollten.

Es kam was kommen musste: Ich hängte den Job an den Nagel. Auf dem Arbeitsmarkt sah es jedoch düster aus. Die Wiedervereinigung war zwar schon fast ein Jahrzehnt her, doch die im Osten hinkende Wirtschaftslage hatte dafür gesorgt, dass die Situation des Jahres 89, in der Millionen Arbeitskräfte plötzlich nicht mehr in den Volkseigenen Kombinaten gebraucht wurden und auf den Arbeitsmarkt drängten, wie schockgefroren konserviert worden war. Jobs waren absolute Mangelware und das Wort Fachkräftemangel noch gar nicht erfunden. Die einzige Perspektive, die Zeitarbeit, war natürlich keine.

Ich lebte also vorübergehend von 800 Mark Arbeitslosengeld im Monat. Damit kam man jedoch nicht sehr weit; und zu zweit schon gar nicht. Kumpel Peter hatte sich, vor den Streitereien im Elternhaus geflohen, Anfang Dezember bei mir einquartiert. Als Schüler der 13. Klasse, konnte er natürlich keinen Pfennig zur Haushaltskasse beisteuern und mein baldiger bankrott war die logische Konsequenz und nur eine Frage der Zeit. Bereits Mitte des Monats konnten wir keine Lebensmittel mehr kaufen. Bei der Weihnachtsfeier des Fußballvereins aßen wir uns daher noch mal so richtig satt und ließen uns alle übriggebliebenen Speisen einpacken. Fortan stand täglich Schweinshaxe auf dem Speiseplan.

Am 22. Dezember sprach sich Peter, vermutlich auch auf die bevorstehende Weihnachtsbescherung spekulierend, mit seinen Eltern aus und zog wieder bei ihnen ein. Zurück blieb meine ziemlich verwahrloste Wohnung, ein gähnend leerer Kühlschrank, ein bis ans Limit überzogenes Konto und zwei bereits angebissene Schweinshaxen, die bis zum Silvesterabend irgendwie würden reichen müssen. Ich hasse Schweinshaxe. Ich mochte sie noch nie. Seither aber kann ich nicht einmal mehr ihren Geruch ertragen.

Im Vergleich zu diesen letzten Dezemberwochen 99, war sogar die »MeFü-Woche« bei der Bundeswehr eine absolute Lachnummer.

MeFü, das will erklärt sein: Beim Militär wird stets alles abgekürzt. Was ja auch irgendwie Sinn macht, angesichts der oftmals umständlich langen Verwaltungsbezeichnungen für beinahe alles im Dienstgebrauch. Und so heißt eine Mausefalle eben nicht Mausefalle, sondern »*Falle, Klapp, für Nagetier grau*«, und aus einem Leichensack wird »*Hülle, schwarz, Kunststoff, für Soldat Totalausfall*«. Da macht es schon Sinn, obendrein offizielle Abkürzungen einzuführen. Eine Mausefalle schlicht und einfach Mausefalle zu nennen, wäre schließlich viel zu unbürokratisch und so mancher Amtsschimmel fände gar keine Daseinsberechtigung mehr.

Und so ist MeFü-Woche eben auch eine Abkürzung und steht für das verhältnismäßig kurze Wort Menschenführungswoche. Die MeFü ist etwas, was angehende Unteroffiziere wie ich auch einer war, auf einem der zahllosen Lehrgänge über sich ergehen lassen müssen. Der Ursprungsgedanke der MeFü ist, dass die zukünftigen Gruppenführer bezüglich ihrer Führungskompetenzen unter Stress getestet und geprüft werden sollen. Hierzu, das ergibt sich der Logik folgernd, ist es notwendiges Übel, dass diese Menschen Stress, aber auch körperlichen Belastungen im Grenzbereich ausgesetzt werden müssen. Das aber verkommt mehr und mehr zu einem Freibrief für die Ausbilder, denn in welcher Art und Weise die Lehrgangsteilnehmer in diese Situation zu bringen sind, ist nirgendwo klar geregelt. Und so wurde im Laufe der Jahre aus einem Lehrgang zum Thema Menschenführung, ein Paradebeispiel für Sadismus und Profilierungsgier, bei dem sich die Vorgesetzten daran ergötzen, andere Menschen zu erniedrigen, zu demoralisieren und mental zu brechen.

»*Rekruten ficken*«, lautet der militärische, wenn auch inoffizielle und ausnahmsweise nicht abgekürzte Terminus beim Militär für dieses Vorgehen. Der ursprüngliche Fokus, die Bewertung von Führungsqualitäten, ist dabei längst verloren gegangen.

Meine MeFü begann an einem Sonntag Abend um 22 Uhr. Ich war zusammen mit etwa 15 anderen Lehrgangsteilnehmern in eine Kaserne in einem namenlosen Kaff nahe der polnischen Grenze abkommandiert worden. Nach dem üblichen Prozedere in solchem Fall, wie etwa der korrekten Meldung auf der Dienststelle und dem Bezug der Stuben, erfolgte das militärische Einräumen der Spinde. Die Hemden im Din A 4 Format gefaltet oben links, daneben die T-shirts, gefolgt von den Feldblusen. Jeder Ausrüstungsgegenstand exakt ausgerichtet, auf Normmaß gefaltet und am festgelegten Platz - Ordnung muss sein.

Kaum waren die Spinde gegen 23 Uhr gefüllt, wurde im gesamten Gebäudetrakt das Licht abgeschaltet und ein Übungsalarm ausgelöst. Es wurde das Herstellen der Marschbereitschaft befohlen, was nichts anderes bedeutete, als das wir die soeben eingeräumten Spinde nun im Stockdunkel wieder auszuräumen und unsere Marschrucksäcke nach einem streng festgelegtem Plan zu füllen hatten. Private Gegenstände waren ausnahmslos verboten.

Kein Handy, kein Tabak, kein Bargeld; ja nicht einmal Fotos der Familie waren erlaubt. Anschließend marschierten wir auf den Übungsplatz, auf dem nun für eine Woche die »*Dackelgarage«*, wie die Zweimannzelte auch genannt werden, unser zu Hause wurde.

Was nach Campingausflug klingt, klingt leider auch nur so. Camping gibt es bei der Bundeswehr nicht. Dort nennt man so was *BIWAK*. Ist vermutlich auch eine dieser Abkürzungen und dürfte für **Besonders Im Winter ArschKalt stehen.** Der Unterschied zum Campingurlaub ist nicht nur die spartanische Ausrüstung, das Fehlen eines von den Campingplatzinhabern betriebenen Kiosk und der Mangel an Sanitäreinrichtungen, sondern, dass der ganze Spaß wenig mit Urlaub zu tun hat und deshalb in der Regel eben keinen Spaß macht.

Neben langen Gewaltmärschen, regelmäßigen Alarmübungen, die jede Nacht allerhöchsten zwei Stunden Schlaf zuließen und vielen anderen körperlichen Strapazen, die zwar hart aber durchstehbar waren, fühlte ich mich doch eher psychisch, als denn physisch »*gefickt«*. Ach was gefickt, gefistet habe ich mich gefühlt. Das in der Armee durchaus schon mal ein sehr direkter und schroffer Umgangston herrscht, hatte mich nie gestört. Was hier aber an verbalen Aus brüchen stattfand, ging weit unter die Gürtellinie. Dabei war es weniger die Wortwahl, als Inhalt der Aussagen, die einzig auf Er-niedrigung abzielten. Ich habe gestandene Männer weinen sehen.

Das wir innerhalb dieser Woche außer Trinkwasser keinerlei Verpflegung erhielten, war besonders hart. Nun muss man einräumen, dass solch ein Engpass auch in Gefechtssituationen durchaus vorkommen kann und fehlende Energiezufuhr zweifelsohne den gewünschten Effekt von körperlicher und psychischer Belastung extrem schnell hervorruft. Und so hätte ich es als ein probates Ausbildungsmittel anerkennen können, wären unsere Ausbilder der stets skandierten Phrase »*Führen durch Vorbild«* gefolgt. Die jedoch, ließen ihre hungrigen Lehrgangsteilnehmer regelmäßig im Wald antreten und zusehen, wie sie sich selbst die Bäuche vollschlugen. Die Reste, nicht selten mit reichlich abfälligen Kommentaren versehen, warfen sie uns direkt vor die Füße in den Matsch. Und wehe, einer der hungrigen Männer hätte sich auch nur ansatzweise nach den Abfall gebückt.

Dieser Lehrgang war eine der härtesten Grenzerfahrungen meines Lebens. Auch, weil ich tief in die psychischen Abgründe des Menschen blicken konnte und in dieser Woche erstmals die Frage in mir aufkeimte, ob ich in diesem Pool von militärischen Zivilversagern tatsächlich gut aufgehoben war.
Und dennoch: Die Schweinshaxen waren schlimmer!

14.

Obdachlos

Ich rolle, noch einen Rest Knoblauchsoße aus dem Mundwinkel schleckend, alsbald wieder durch die inzwischen im Halbdunkel der Dämmerung verlassen liegende Fußgängerzone; biege mal hier mal dort in eine der viele Seitenstraßen ab und entdecke endlich auch einige Pensionen. Günstig sieht keine davon aus. Und tatsächlich schwanken die Übernachtungspreise zwischen Neunzig und Hundertfünfzig Euro die Nacht - eine Spanne, die mich an Hamburger Immobilienpreise erinnert. Ich hingegen schwanke zwischen Resignation und Tobsuchtsanfall. Ich wollte das Zimmer schließlich nur mieten und nicht kaufen.

Regen, Regen, Regen... nichts als Regen. Und er wird immer stärker. Ich bin nass bis auf die Haut. In der Ferne höre ich dumpf das Grollen eines Gewitters näherkommen, während ich weiter ziel- und unterkunftslos durch Bad Harzburg kurbele. Sollte ich doch besser umdrehen und in eine der vielen viel zu teuren Pensionen flüchten, deren Innenstadtlage ja lediglich als Vorwand für die exorbitanten Zimmerpreise dient und gekonnt von den in die Jahre gekommenen Bauwerken ablenken soll? Wird der Abend nun also abenteuerlich teuer?

Wobei eine Übernachtung in einem Hotel grundsätzlich durchaus abenteuerlich werden kann. Mit Schrecken erinnere ich mich an meinen zweiten Mallorcaurlaub zurück. In meiner, der Unwissenheit geschuldeten Naivität, hatte ich ein Hotel mit zwei Sternen gebucht. Erfahrene Mallorcaurlauber wissen was jetzt kommen wird – nein, kommen muss!

Zwei Sterne, das klang toll. Zwei Sterne suggerieren schließlich ein gehobenes Ambiente. Nicht derart luxuriös, als das man mit Anzug und Krawatte am Abendessen teilzunehmen hat, aber diese zwei Sterne assoziiert man eben doch mit einem gewissen Niveau. Ich jedenfalls tat es. In Deutschland muss ein Hotelbetreiber immerhin schon einiges leisten, um überhaupt für einen Stern nominiert zu werden. Auf Mallorca ist das etwas anders. Was sage ich da - es ist grundsätzlich anders. Auf Mallorca bekommt man den ersten Stern schon verliehen, wenn das Gebäude überhaupt halbwegs fertiggestellt ist. Den zweiten, wenn auch Hotelpersonal vorhanden und den dritten, falls denn der Fahrstuhl funktionstüchtig ist. Zwei Sterne stehen auf Mallorca als Synonym für Absteige oder Bruchbude. Nur wer ahnt denn so was?

Bei unserer Ankunft wurden wir gefragt, ob wir gern ein Zimmer mit Balkon und Meerblick haben wollen würden. Was für eine Frage - natürlich liebend gern. Zum Ausgleich mussten wir unsere Koffer selbst in den dritten Stock wuchten. Der Fahrstuhl war dem fehlenden dritten Stern zum Opfer gefallen.

Das Zimmer musste, der Raumgröße nach zu urteilen, ursprünglich mal eine Besenkammer gewesen sein. Die Tür jedenfalls ließ sich nur etwa zwei Drittel weit öffnen, bevor sie krachend gegen den Bettrahmen schlug. Die Koffer passten noch so eben hindurch, die gebärfreudige Hüfte meiner Freundin hingegen beinahe nicht mehr. Der Balkon, das Highlight des Zimmers, erwies sich als ein absturzgefährdetes Fragment seiner selbst und in seiner angedachten Funktion als völlig unbrauchbar. In einem Winkel von schätzungsweise 15 Grad hing er, aus unerklärlichen Gründen allen Gesetzen der Physik trotzend, an der Hausfassade wie ein erektionsloser Penis an einem impotenten Greis. Ein tiefer Riss im Beton, der sich über die gesamte Breite zog, ließ den Blick auf verrosteten Armierungsstahl zu und trug auch nur bedingt zum Vertrauen in die Resttragfähigkeit der Balkonruine bei.

Nach der langen Busfahrt vom Flughafen drückte bei mir mächtig die Blase. Eiligst in das handtuchgroße Bad gezwängt, hob ich den Klodeckel an, um mich zu erleichtern und wurde kackfrech von der Bremsspur meines Vorgängers begrüßt. Bei Puls 180 war ich drauf und dran Maßnahmen zu ergreifen, die es garantiert am nächsten Morgen auf die Titelseite der Bildzeitung geschafft hätten. Das ich es nicht zu diesem zweifelhaften Ruhm brachte, verdankte ich einzig meiner schon wieder zwischen Türzarge und Bett festklemmenden und mir den Weg zur Rezeption versperrenden Begleiterin.

Ganz so schrecklich wie auf Malle, werden die Zimmer in Bad Harzburg wohl kaum sein. Aber rechtfertigt allein dieses Merkmal solche Mondpreise? 100 Euro für ein Bett und eine Dusche, denn mehr brauche ich schließlich nicht, erscheinen mir recht viel.

Viel, das ist zugegebenermaßen relativ. Und für »richtige« Urlauber mag die Lage und Ausstattung eines Hotels von Bedeutung sein. Wer Urlaub macht, will nah dran sein am urbanen Puls einer Stadt, will sich in das spärliche Nachtleben der wenigen Bars und Restaurants eines solchen Ortes stürzen und am Morgen darauf, durch die Fußgängerpassagen bummeln können. Auch der Wohlfühlcharakter spielt eine erhebliche Rolle. Kostenloses Internet, stilvoll eingerichtete Zimmer, Sauna und Wellnessbereiche, sind einige zu berücksichtigende Kriterien für »normale« Urlauber. Aber ich bin ja kein normaler Urlauber. Ich bin ein Durchgangsnomade, ein Nichtsesshafter, ein Landstreicher auf zwei Rädern. In meiner miefenden Funktionskleidung und mit Dreckspritzern im Gesicht, will ich in dem Zimmer nicht wohnen, mich nicht niederlassen und schon gar nicht häuslich einrichten. Für mich zählt nur, die Zeit bis zum nächsten Morgen, im Idealfall schlafend, überbrücken zu können, ohne mich auf eine die Bandscheibe malträtierende Holzbank einer Bushaltestelle lümmeln zu müssen.

»Rejen hatten se ja och anjesacht, nich ja?«, dialektet mir eine Dame zu, die ich eigentlich gar nicht nach dem Wetterbericht gefragt, sondern um Auskunft zu einer günstigen Unterkunft gebeten hatte.

»Vesuch et ma ofem Kampingplatz da«, schlägt sie vor und deutet wage in eine Richtung. Auch wenn mir bei dem aufziehenden Gewitter nicht der Sinn danach steht, im Zelt zu übernachten, haben Zeltplätze immerhin Duschen und erfüllen damit das Primärziel, einen Minimalismus an Komfort und Zivilisation zu erhaschen.

Für das Fehlen des obligatorischen Coronatests - ich habe das Testzentrum beim besten Willen nicht finden können - habe ich mir eine (hoffentlich) gute und plausible Ausrede bereitgelegt. Ich werde einfach vorgeben, dass der Regen das Dokument völlig aufgeweicht und unbrauchbar gemacht hat. In Paarung mit einem ängstlich gen Himmel gerichteten Dackelblick und dem hochheiligen Ehrenwort, morgen früh umgehend einen solchen Test nachzureichen, wird mich sicher niemand abweisen - hoffe ich doch jedenfalls.

Der *»Kampingplatz«* ist jedoch gar nicht zum campen ausgelegt. Es ist ein öffentlicher (natürlich nicht kostenfreier) Platz für Wohnmobile auf der Durchreise; angelegt, um die innerstädtische Parkplatzsituation zumindest einigermaßen entzerren zu können. Mehr als eine Nacht darf dort niemand stehen. Mit einem Zelt aber nicht mal das, wie ich auf Nachfrage erfahre. Mich irgendwo in eine abgelegene Ecke zu drücken, ist leider selbst in meiner Notlage nicht erlaubt, erzählt mir der Platzwart, der nebenbei auch die angeschlossene Kneipe, sowie die Sanitäreinrichtungen betreut. Und der muss es ja nun schließlich wissen.

Angesichts meines abgerissenen Aussehens und des immer stärker werden Regens hat er aber offensichtlich Mitleid mit mir.

»Ob er eine Adresse wüsste, wo ich um diese Zeit noch eine Unterkunft finden könne?«, möchte ich von ihm wissen, und

schiebe, obwohl ihm diese Tatsache kaum entgangen sein dürfte, eilig ein »*schon eine Dusche würde mir reichen, ich rieche inzwischen etwas streng*«, nach.

»Ach, duschen kannst du gerne hier. Das ist doch gar kein Problem. Das merkt die Stadtverwaltung ja gar nicht. Nur zelten lassen, kann ich dich hier beim besten Willen nicht.«

Eine Dusche - wie herrlich. Erstaunlich, wie minimalistisch die Ansprüche inzwischen sind und wie dankbar ich nun für sonst so selbstverständliche Dinge wie eben eine Dusche sein kann.

Ich dusche ausgiebig und lange, noch bevor ich mich ausziehe. Die speckigen Klamotten behalte ich zum Einweichen zunächst tatsächlich erst mal an. Nachdem ich sie dann endlich ausgezogen habe, wasche ich sie so gründlich wie möglich aus und hänge sie über die Heizkörper im Vorraum. Erst dann seife ich meinen Körper ab, vorsichtshalber gleich mehrfach. Gute zwei Stunden verbringe ich im Waschraum, bis ich mich ausreichend sauber und aufgewärmt fühle.

Glücklich über diesen Moment von Trail Magic und in frischen Wechselklamotten, verlasse ich die Sanitäranlage. Jetzt weiterfahren und den nächstbesten Shelter, eine Wetterschutzhütte oder notfalls eine Bushaltestelle zur Übernachtung anzufahren, erscheint mir plötzlich gar nicht mehr so undenkbar wie zuvor.
Ich habe allerdings meine Rechnung ohne Petrus gemacht. Ein greller Blitz, umgehend gefolgt von einem lauten Knall. Mit grollendem Donnern werfen die Berge den Hall des tosenden Gewitters zurück. Die Urgewalten toben unmittelbar über dem hoffnungslos abgesoffenen Platz. Kleine Sturzbäche fließen die Hänge hinab und reißen jede Menge Laub und Unrat mit.
Die Kneipe hat inzwischen geschlossen. Die Idee, das Unwetter bei einem oder auch zwei Bierchen aussitzen zu können, fällt also leider flach. Von dem Platzwart fehlt jede Spur; der hat sicherlich schon Feierabend gemacht. Das soll mir allerdings in gewisser

Weise ganz recht sein; so entgeht ihm, wenn ich noch länger im Duschraum verbleibe um mich weiter aufzuwärmen. Bei diesem Platzregen, ist an Weiterfahrt ohnehin nicht zu denken.

Weitere zwei Stunden verharre ich auf einer Bank sitzend im kalkweiß gefliesten Vorraum. Das Handy, ans Ladegerät gestöpselt auf einer porzellanen Ablage am Waschbecken liegend, hatte mir zuvor verraten, dass das Unwetter die ganze Nacht anhalten wird. Statt Aufbruch- nun also Abbruchstimmung.

Die Zeit vertreibe ich mir damit, nach Unregelmäßigkeiten im eigentlich so gleichmäßigen Fliesenspiegel zu suchen. Hin und her schweifen die Augen, verlieren sich in der immer gleichen Folge der Fugenkreuze. Langeweile macht sich breit. Aber die ganze Nacht werde ich ohnehin nicht in dem karg möblierten Raum verbringen können. Die Bank ist zum Liegen zu kurz. Auch lässt sich die von Neonröhren befeuerte Beleuchtung nicht ausschalten und es ist sicher auch nur eine Frage der Zeit, bis die ersten Campingwageninsassen zum Austreten in den Raum treten werden. Spätestens wenn der Regen etwas nachlassen sollte, werden sie sich hier die Klinke in die Hand geben.

Ich werfe die Regenjacke über und trete vor die Tür, um mich nach einem geeigneten Schlafplatz umzusehen. Der Wohnmobilstellplatz wird von einem Fußweg geteilt, welcher die zwei den Platz einrahmenden Straßen als eine Art Abkürzung verbindet. Der Pfad schlängelt sich zwischen dem Waschhaus und einem angrenzenden Wirtschaftsgebäude hindurch. An dieser Stelle ist er überdacht, und zu meiner Freude, mit Sitzbänken bestückt. Das Behelfsnachtlager wäre also gefunden.

Schnell eile ich, vom Regen getrieben, in der Hoffnung irgendein Konsumprodukt aufzutreiben, mit dem ich meiner Langeweile entgegenwirken kann, in eine nahegelegene Tankstelle. Erfolglos schaue ich mich bei den Zeitschriften um. Dort liegen allerhand Boulevardblätter der bekannten Regenbogenpresse aus. Die

Titelseiten wollen die Käufer locken; mit Kochrezepten, Diät-
plänen und dem neuesten Klatsch und Tratsch irgendwelcher Stars
und Promis, deren Namen ich nicht einmal kenne. Die Frage-
zeichen hinter den Überschriften der Hochglanzfotos, lassen auf
allerhand Lücken bei der Recherche schließen und unterstreichen
die mangelnde Glaubwürdigkeit der Verleger.

Strickmagazine, Frauenratgeber, Fernsehzeitungen und, etwas ver-
steckter, Ponoheftchen. Die Auswahl kann mich nicht begeistern.
Die der Pornoheftchen schon gar nicht. Die erhofften Groschen-
Western, die ich ausschließlich im Urlaub, dann aber mit Hingabe
lese, suche ich vergebens. So lege ich neben einer Tafel Schokolade und einer Tüte Weingummi, ein Heft mit Kreuzworträtseln auf
den Verkaufstresen. Den mir fehlenden, aber für das Kreuzworträtsel nun mal zwingend benötigten Kugelschreiber, möchte ich
dem jungen Verkäufer aus seinem gesammelten Fundus von abge-
griffenen Stiften mit Werbeaufdrucken diverser Mineralölherstel-
ler, die ich hinter ihm in einem völlig verkeimten Becher erspäht
habe, gern abschwatzen.

Nervös kratzt er sich, sichtlich verlegen, einen seiner zahlreich-
en Pickel auf - eklig gelber Eiter quillt heraus.

*»Ich weiß gar nicht, wie ich den in der Kasse eingeben soll, die
stehen ja eigentlich nicht zum Verkauf«*, gesteht er nun den nächsten Pickel auskratzend. *»Ach wissen sie was, ich schenke Ihnen
den Stift einfach«*, kommt ihm dann nach einer geraumen Weile
zögerlich, aber nicht ohne Stolz über seinen genialen Einfallsreichtum, das Naheliegendste doch irgendwann in den Sinn.

15.

Duell der Gartenzwerge

Nachdem ich auf der harten Holzbank meinen Schlafsack ausgerollt und mich fröstelnd darin verkrochen habe, vertreibe ich mir die Zeit mit meinem Kreuzworträtsel. Das allerdings hat in etwa Bildzeitungsniveau; so richtig bei der Sache bin ich daher nicht. Immer wieder schaue ich sehnsüchtig zu den abgestellten Wohnmobilen, deren Standheizungen ein monotones Brummen zu mir herüberschicken. Mollig warm muss es in diesen mobilen und aluminiumumhüllten Styroporhäusern sein, durch deren Fenster das nervöse blaue Licht der Fernseher flackert, vor denen sich die Bewohner jetzt vom Abendprogramm berieseln lassen.

Campingmobilen und Wohnwagen stehe ich grundsätzlich sehr zwiespältig gegenüber. Einerseits bin ich fasziniert von ihrer Multifunktionalität; der absenkbare Tisch, auf dem man kurz zuvor noch großzügig die Brotkrümel des Abendessens verteilt hat, lässt sich herunterkurbeln und wird zur Liegefläche für die Nachtruhe. Die Rückenpolster der Sitzbänke, in denen sich, in den meist ja doch schon sehr betagten Campingwagen, seit Ewigkeiten die Staubatome und Pilzsporen vermehren, werden dann zur gänzlich rückenunfreundlichen Matratze umfunktioniert. Auch Spüle und Kochnische sind auf kleinstem Raum untergebracht. Kaum ein Einrichtungsgegenstand, der nicht wenigstens zwei Funktionen erfüllt. Hier zwei Schiebeelemente betätigt, dort einen Hebel umgelegt und schon wird die Klospülung zur Kopfbrause, die Sitzbank zum Stauraum und die Dunstabzugshaube zum Flachbildfernseher. Eine äußerst erstaunliche Ingenieursleistung.

Andererseits: Wohnen möchte ich in solcher Miniaturausgabe einer Unterkunft nicht. Auf sechs Quadratmetern wird alles hineingequetscht, was für das Leben (vermeintlich) unabdingbar ist. Spartanisch, praktisch, gut?

Für die Bewohner der rollenden Behausungen ist jedenfalls kein Platz mehr. Vier Schlafplätze - mindestens. Eine Dusche, ein Klo, eine Küche. Dazwischen ein Durchgang, der schmaler als die Türöffnungsbreite mallorcuinischer Hotels ist. Alles ist eng in solch einer Notunterkunft, die oft den Neupreis eines Einfamilienhauses in Ortsrandlage, aber eben kein adäquates Raumangebot aufweist. Unter der Dusche kann man sich nicht bewegen, aus Angst mit dem Ellenbogen den Spiegel herunter, oder den Wasserhahn abzureißen. Wer am Herd steht, blockiert bereits den gesamten verbliebenen, eigentlich ja für mindestens 4 Personen ausgelegten Innenraum. Das Befüllen der Töpfe mit Nudelwasser beispielsweise, will wohl überlegt sein. Denn steht der heiße Kessel erst mal auf der Herdplatte, hat man Wasserhahn und Ausgussbecken mit der Abdeckung der Herdplatte bis zum Abkühlen selbiger unwiderruflich verbaut.

Mir ist das zu eng. Mir fehlt der Bewegungsradius. Und offenbar nicht nur mir. Anders lässt sich wohl kaum die enorme Beliebtheit so genannter Vorzelte erklären, die die viel zu geringe Grundfläche zumindest verdoppeln. Da stehen dann auch richtige Kühlschränke, Regale, Backöfen und Kochplatten drin. Plastiktisch und Klappstühle runden die Einrichtung ab. Immer! Da kann man auf jedem Campingplatz der Welt, in jedes frei wählbare Vorzelt schauen - die Einrichtung ist immer gleich. Diese Tatsache belegt den schwerpunktmäßigen Mangel aller Wohnwägen: Das Platzangebot. Da kauft man sich also einen ziemlich teuren und ziemlich gut ausgestatteten Wochenendruhesitz, in dem eigentlich alles drin ist, von dem Komfort, vor dem man aus dem Großstadtdschungel ja gerade an die Ostsee oder sonst wohin zu flüchten versucht und vermisst das Wesentliche: Die Bewegungsfreiheit.

Was mich aber eigentlich wirklich stört, sind die Campingplätze selbst. Was auf Kurzzeitplätzen wie diesem in Bad Harzburg weniger ins Gewicht fällt, wird bei Dauercampern umso offensichtlicher: Um der Eingepferchtheit der überschwänglich als »*zentral gelegen*« umworbenen Mietskasernenwohnung zu entkommen, flüchten die Menschen in ein beheizbares Wohnklo auf Rädern; in die Enge eines Mobilheims, dass aufgrund fortgeschrittener Achs- und Karosseriekorrosion nur in den seltensten Fällen überhaupt noch mobil ist und auf einem so kleinen Stück Wiese parkt, dass kaum mehr als zwei Maulwurfshügel darauf Platz finden. Völlig paradox.

Da pendeln sie dann Wochenende um Wochenende, mit dem Traum von Freiheit und Abenteuer im Gepäck, zum immer gleichen und inzwischen völlig eintönigen Ort und sehen sich mit zahlreichen Verpflichtungen, statt mit Entspannung konfrontiert. Entweder muss der Platz schon wieder winterfest gemacht, oder gerade für die kommende Sommersaison vorbereitet werden. Zwischen diesen beiden Extremen liegt das nächste: Pflege und Instandhaltung. Man selbst würde dabei sicherlich gern mal Fünfe grade sein lassen, schließlich ist man ja Entspannungssuchender, wäre da nicht das Joch der Spießbürgerlichkeit und der damit einhergehende Gruppenzwang.

Der Uwe von vorne links am Hauptweg. hat festgestellt, dass man auf der Miniaturausgabe von einem Grundstück den Rasen schon seit einer ganzen Woche nicht mehr gemäht hat. Diese enorme und nicht akzeptable Verwahrlosung, spricht sich bereits wie ein Lauffeuer bei allen Campern herum. Und wenn erst der Platzwart Wind von der Sache bekommt, ist eh Essig. Es besteht also eiligst enormer Handlungsbedarf. Wie stünde man sonst da, vor all den anderen Vorzeigecampern? Das der Johannes, als Neuzugang jegliche Regeln der Anlage missachtend, seine Hecke bereits dreieinhalb Zentimeter zu weit in den Weg hineinwachsen lässt, sollte man aber auch dringend mal anmerken. Wo käme man denn da hin, wenn hier jeder macht was er will? Außerdem würde das auch hervorragend davon ablenken, dass der Wohnwagen von der Ute, auf die man heimlich ein Auge geworfen hat, auch schon seit zwei Wochen nicht mehr gewaschen wurde.

Wie ich sie bemitleide, diese superkonformen Gesetzeeinhalter und Konventionshüter. Sie mieten sich für 1600 Euro Jahrespacht ein zwölf Quadratmeter kleines Stück Erde und spielen sich auf, wie eine Mischung aus dem Hilfssheriff von Dalton City und dem Großgrundbesitzer der Shiloh-Ranch. Stets mit wachem Blick; die Hand lauernd auf Hüfthöhe, um notfalls rechtzeitig den mahnenden Zeigefinger »ziehen« zu können. Shoot out - das Duell der Gartenzwerge. High Noon auf dem Campingplatz. Ich finde das total lächerlich!

Und doch: Genau in diesem Moment, in dem ich fröstelnd und wie ein obdachloser Stadtstreicher, zudem meine Wirbelsäule übestrapazierend, auf einer öffentlichen Holzbank liege, würde ich gerne mit ihnen tauschen. Ein klein wenig Behaglichkeit; eine wärmende Heizung und ein Kopfkissen, wären es mir wert, mich für eine Nacht in eine ihrer Sardinenbüchsen zu zwängen. Sehnsüchtige Blicke sind es, die ich über den Platz schweifen lasse. Aber nirgends öffnet jemand seine Tür um mich hereinzubitten; niemand scheint Mitleid mit einem total verwahrlost wirkenden Radreisenden zu haben.

Vereinzelt kommen einige verspätete Wanderer vorbeigezogen, die das Unwetter voll erwischt zu haben scheint. Triefend nass, schauen sie recht missmutig aus ihren übergehängten Gummiponchos hervor. »Plitsch, platsch«, schmatzen ihre schmutzigen und restlos mit Wasser vollgesogenen Wanderstiefel durch das, was für heute Nacht mein Schlafzimmer sein wird. Ob sie wohl gleich in einem warmen Hotelzimmer schlafen werden und dort irgendwo Platz für meine Isomatte sein mag, traue mich nicht zu fragen und lasse sie stattdessen stumm an mir vorüberziehen.

16.

Münchhausen

Am nächstes Morgen werde ich von einem herrlichen Sonnenaufgang begrüßt. Der Himmel ist zwar noch leicht bedeckt und die Sonne hat noch nicht ausreichend Kraft, um die in der Luft hängende Feuchte der vergangenen Regennacht gänzlich zu vertreiben, doch noch dem gestrigen Unwetter sorgt sie bei mir für äußerst gute Laune.

Mit allerlei Dehnübungen und sicher extrem skuril anmutenden Verbiegungen sämtlicher Gelenke und Gliedmaßen, versuche ich meine Wirbelsäule zu entwirren. Das übliche Prozedere eines Menschen mit Bandscheibenvorfall im Lendenbereich, der jeden Morgen nach dem Aufstehen das Gefühl hat, schon wieder von einem Bulldozer überrollt worden zu sein.

»Moin! Na, erst mal etwas Frühsport?«, fragt mich ein allem Anschein nach erst seit kurzem seine Rente genießender und mit Handtuch und Zahnbürste bewaffneter Camper, der in seinen Badeschlappen träge in Richtung Waschhaus schlurft. Seiner Aussprache nach, kommt er aus dem Norden. Schon das *»Moin«* ist ein ziemlich eindeutiges Indiz.

»Moin, Moin«, antworte ich daher standesgemäß und erkläre ihm, dass mit der heutigen Brockenerklimmung eigentlich allerhand Sport auf dem Programm stehen wird, ich dafür aber eben erst mal das Oben und Unten meines Körpers in eine halbwegs korrekte Reihenfolge sortieren muss.

Die in Aussichtsstellung von zu bewältigenden Strapazen mit einhergehendem Ruhm und Heldenstatus, beflügelt den sich als Klaus-Dieter vorstellenden Pensionär, zu einem wahren Rede-schwall. Die Aussprache ist zeitweise etwas undeutlich. Sie lässt auf eine von Restalkohol noch etwas schwere Zunge schließen. Der gestrige Abend wurde offenbar recht lang.

Ziemlich amüsant, wie er in bester Käpt´n Blaubär-Manier aller-feinstes Seemannsgarn spinnt. Den Brüdern Grimm würde er grandiose Textvorlagen liefern. Was der gute Klaus-Dieter in sei-nem Leben nicht bereits alles erlebt hat - naja, oder vielmehr erlebt haben möchte.

Als Söldner will er sich nach seiner Zeit bei den Fallschirm-springern der Bundeswehr, im Kongo verdingt haben. Anschließ-end war er Bordellbesitzer in Mailand, bis ihm die Mafia eine si-zilianische Krawatte anbot, die aber so gar nicht zu seiner Gar-derobe passen wollte, wie er festgestellt hatte. Daher zog er es dann vor, in Florida auf einer Krokodilfarm zu arbeiten, was aber nur bedingt risikoärmer gewesen sein soll. Als Beweis hebt er sein T-Shirt und zeigt mir eine unansehnliche und schlecht verheilte Narbe auf seinem leicht formlosen Bauch, die er einem besonders gefräßigen Reptil zuschreiben möchte.

Das in Florida gar keine Krokodile, sondern Alligatoren behei-matet sind und seine Narbe, selbst ohne medizinische Fachkennt-nisse, als die Folge einer schlecht verheilten Blinddarm-Operation zu erkennen ist, behalte ich lieber für mich. Zu herrlich ist es, am frühen Morgen mit derart viel Satire konfrontiert zu werden. Eine spontane Stand-up-Comedy, könnte man annehmen, wäre da nicht die inbrünstige Überzeugung, mit der die Geschichte vorgetragen wird. Und so warte ich auf den Höhepunkt der Erzählung: Ring-kämpfe mit Braunbären in kanadischer Wildnis, eine Floßfahrt in einem Fass durch die Niagarafälle oder eine abenteuerliche Reise zum Mittelpunkt der Erde. Irgendetwas in dieser Art, wird doch sicherlich noch kommen? Doch der Klaus-Dieter spricht nicht weiter. Grübelnd steht er vor mir. Er scheint den Faden verloren zu haben und nicht zu wissen, wie seine Geschichte weitergehen soll. Ohne auch nur ein weiteres Wort zu verlieren, setzt er schlurfend seinen Weg Richtung Waschhaus fort.

Ich hingegen packe zunächst meine sieben Sachen zusammen, bevor ich mich mit Körperhygiene beschäftigen möchte. Nicht das ich im Sanitärtrakt auf einen, auf seiner Kanonenkugel um die Deckenlampe kreisenden Klaus-Dieter treffe, der mir dann sicherlich erzählen würde, dass er als Pilot eines F16 Kampfjets im Vietnamkrieg schon ganz andere Kunststücke vollbracht hat.

17.

Dr. Quincy

Sechs Uhr morgens. Ich rolle zurück in die Fußgängerzone. Die Bäckerei hat glücklicherweise trotz der frühen Stunde bereits geöffnet und neben der blonden Verkäuferin auch allerhand weitere Leckereien zu bieten. Der Tag wird also immer besser.

Obwohl ich lange und ausgiebig frühstücke, ist es noch zu früh, um mit der Seilbahn zur Ruine der Harzburg hinauffahren zu können. Der Ticketschalter ist noch immer unbesetzt. Auch am Baumwipfelpfad, herrscht noch keinerlei Betrieb; die durchschnittlichen Harztouristen sind offenbar Langschläfer. Noch länger warten möchte ich aber nicht. Mich treibt es vorwärts. Eine innere Unruhe hat mich erfasst, denn heute steht mit dem Brocken das Highlight der gesamten Tour auf dem Programm. Die Vorfreude ist groß. So breche ich umgehend auf und starte voller Erwartung in den Tag.

Das verschollen geglaubte Testzentrum finde ich bereits nach wenigen Minuten dann doch. Es ist unweit des Caravanstellplatzes auf der anderen Straßenseite der B4 gelegen und eigentlich nicht zu übersehen. Zwei als Büro eingerichtete Stahlcontainer, die üblichen Absperrgitter und jede Menge rotweißes Flatterband - wie ich das gestern habe übersehen können, wird wohl für immer ein Rätsel bleiben.

Wirklich was los ist aber noch nicht. Strenggenommen bin ich tatsächlich der einzige Testwillige auf dem Gelände. Ein Schild mit den Öffnungszeiten verrät mir, dass ich zu früh bin, meine Armbanduhr, dass es aber nur 20 Minuten sind. Soviel Geduld bringe ich, ganz entgegen meiner Gewohnheit, heute einfach mal auf; denn die Bandscheibe schmerzt nach der Nacht auf der unbequemen Holzbank noch immer und für heute Abend möchte ich definitiv eine bequemere Liegefläche, gern in Form eines Bettes. Dazu brauche ich den Test, und den bekomme ich nun mal nirgendwo anders - wenngleich ich die zum Erlangen des Testergebnisses notwendige Prozedur, eigentlich gern umgehen würde.

Niemand muss den Knigge gelesen haben um zu wissen, dass es sich nicht schickt, in der Nase zu popeln; das lernen wir schon im Kindesalter. Zugegeben, jeder tut es - das ist kein Geheimnis. Und dennoch ist es stets ein Tabuthema. Zumindest war es das bisher. Seit uns das Covid-Virus heimsucht, ist ja vieles anders. So ist in der Nase bohren jetzt nicht nur offiziell Bestandteil des Testverfahrens, sondern schlimmer noch: Es popeln einem wildfremde Menschen in der Nase umher. Ich kenne niemanden, der dieses Fremdpopeln als angenehm bezeichnen würde - mit vielleicht einer Ausnahme.

Mit angewidertem Schaudern erinnere ich mich an meinen Klassenkameraden Stephan, mit dem ich in der dritten Klasse die Schulbank drücken durfte. *Musste* - das trifft es wohl eher. Mein Banknachbar war nicht sonderlich beliebt und das hatte triftige Gründe; er hatte eine sehr absonderliche, ja gar ekelhafte Eigenart: Stephan popelte und das tat er ständig und überall. Völlig ungeniert steckte er sich, auch mitunter mitten in einer Unterhaltung oder im Unterricht, einen Finger in die Nase, bevorzugt den kleinen. Wenn das Objekt seiner Begierde aber damit nicht zu erreichen war, nahm er auch gern den Zeigefinger. Es ist erstaunlich, wie weit sich ein Nasenloch dehnen und ein Finger in einer Nase versenken lässt und überraschend, wie ergiebig diese Quelle doch bei manchen sein kann.

Aber Stephan wäre nicht Stephan, wenn er nicht auch die Unart innegehabt hätte, seine Beute ungefragt jedermann zu zeigen. Und das, unmittelbar bevor er sich genüsslich eben jenen Bohr- und Suchfinger in den Mund steckte. Nur zu gern, teilte er auch Konsistenz und Geschmacksrichtung mit. Aufgrund seiner guten Erziehung, vergaß es Stephan natürlich auch nie, seine Leckerchen mit seinen Mitschülern teilen zu wollen. Auch ernstgemeinte Tauschgeschäfte schlug er regelmäßig vor, um sich sofort wieder mächtig ins Zeug zu legen und sich ein entsprechendes Tauschobjekt aus der Nase zu ziehen. Ich halte es daher für durchaus möglich, dass Stephan Testzentren täglich, wenn nicht gar stündlich, aus reinem Vergnügen und stets mit einer gewissen Vorfreude aufsucht.

Unfassbare 4000 Tests werden hier in Bad Harzburg absolviert, und das jeden Tag.

»Am Wochenende auch mehr. Noch kein Einziger war bisher positiv. Aber jeder Test kostet die Krankenkassen satte 18 Euro«, erzählt mir ein junger Südländer, während er meine Daten aufnimmt und in eine digitale Datenmaske eintippt. Wenn ich auch nur einen Hauptschulabschluss habe, Kopfrechnen klappt schon noch: 72.000€ Umsatz - an nur einem Tag. Bei 30 Kalendertagen kommen da tatsächlich 2,16 Mio zusammen. Dafür brauchte ich nun allerdings doch meinen Taschenrechner.

»4000 Tests täglich?«, frage ich leicht ungläubig und deshalb vorsichtshalber nochmal nach.

»Der Tourismus geht hier steil durch die Decke, seit die Leute nicht mehr ins Ausland reisen dürfen. Manchmal treffen drei oder vier Reisebusse gleichzeitig hier ein. Das ist Stress pur«, werde ich informiert.

»Vor allem eine wahre Gelddruckmaschine«, entgegne ich und sehe dem jungen Mann an, dass er diese Unterhaltung nicht das erste mal, deswegen aber nicht weniger bereitwillig führt.

»Leider längst nicht für jeden. Ich arbeite sonst eigentlich im Sicherheitsdienst. Veranstaltungsservice, Doorman..., halt solche Sachen. Seit Corona finden keine Partys mehr statt. Ich war beim Arbeitsamt gemeldet. Jetzt bin ich hier, natürlich zum gesetzlichen

Mindestlohn«, weiß der Datenerfasser zu berichten und erntet meinen erstaunt mitleidigen Blick.

Ich bin sprachlos. Da sacken sich findige Unternehmer über zwei Millionen monatlich, in nur einem einzigen Ort ein, und speisen ihre Mitarbeiter mit Mindestlohn ab. Echt Jetzt?
Was mag wohl die Miete solcher Container kosten? Wenn es hoch kommt allenfalls 10.000 Euro, schätze ich. Die Lohnkosten für die beiden Angestellten rechne ich mal mit 5000, die Lohnnebenkosten bereits inkludiert. Den Parkplatz wird vermutlich die Stadt gratis stellen, weil sie froh sein kann, wenn ein Testzentrum ihr zusätzliche Touristen in die Gemeinde spült. Sicher bin ich mir da aber nicht und veranschlage weitere 5000 Euro, das spielt bei 2,16 Mio Umsatz, gespeist aus unseren Krankenkassenbeiträgen, ohnehin keine Rolle. Ein wenig EDV, etwas PC Hardware... weitere 10.000 €. Und selbst wenn die Tests für utopische 5 Euro das Stück eingekauft würden, läge man bei Fixkosten von 630.000 €. Da bleibt, nach Abzug von rund 30 Prozent an das Finanzamt, noch immer eine glatte Million übrig. Was man wohl mit Impfstoffen oder dem An-und Verkauf von billigst in China produzierten Masken verdienen kann? Pandemie - ein extrem lukratives Geschäftsmodell. Ich sollte das mit der Autorentätigkeit vielleicht nochmal überdenken.

Das Prozedere des Tests ist mir extrem unangenehm. Ich kann mir wirklich Schöneres vorstellen, als mir von einer gänzlich Unbekannten, in der Nase bohren zu lassen. Wie bei einer Autopsie, ist die etwa 35 Jährige, deren mehr als üppige Oberweite bereits hoffnungslos - ja, beinahe kapitulierend - der Gravitation nachgegeben hat, in einen weißen Overall gehüllt, der angesichts ihres wenig gepflegten Äußeren die Frage offen lässt, wer hier eigentlich vor wem oder vor was geschützt werden soll. Die Plastikscheibe, die sie an einem Stirnband befestigt vor ihrem Gesicht trägt, ist aus durchsichtigem Plexiglas und verbirgt ihre extrem lückenhafte Zahnreihe, die sie mir unentwegt lächelnd präsentiert, leider nicht. Ebenso tief, wie sie in meine Nase, kann ich in ihren Rachen gucken. Das ist zwar ausgleichende Gerechtigkeit, macht es aber keinesfalls besser. Wirklich nicht!

Das Teststäbchen ist eindeutig zu lang. Bis kurz vor mein Gehirn scheint Frau Dr. Quincy es mir in die Nase schieben zu wollen. Reflexartig ziehe ich den Kopf zurück. Doch meine Pathologin hat sich offenbar zur Aufgabe gemacht, Sektionen auch ante mortem vorzunehmen. Sie kennt kein Erbarmen und schiebt fleißig nach. Zwei Drehungen nach links und zwei nach rechts, noch einmal tief nachgestoßen, dann wird der schmierige Popel-Stab in eine geheimnisvolle Tinktur getaucht und diese anschließend auf eine Trägerplatte geträufelt. Das hätte ich auch selbst gekonnt. Zumal man die hier verwendeten Schnelltests in jedem Supermarkt bekommt.

Nach 15 Minuten erfahre ich, was ich bereits wusste: Ich bin negativ, was für mich positiv bedeutet. Als Dank dafür, dass man mich so quälen durfte und als Anerkennung meiner Tapferkeit, erhalte ich eine Art Urkunde mit dem Testergebnis ausgehändigt. Etwas schnöde und farblos auf Din A4 gedruckt und sicherlich keine 18 Euro wert - aber zahlt ja zum Glück die Krankenkasse.

18.

Die Mauer

Nachdem der Morgen derart vielversprechend begonnen hatte, und ich nun auch mit dem hochoffiziellen Coronatest-Zertifikat ausgestattet bin, kann eigentlich gar nichts mehr schiefgehen. Zudem lacht zunehmend die Sonne vom Himmel und die Wolkendecke reißt immer mehr auf. So fahre ich in kurz/kurz, auf technisch nicht anspruchslosen Wanderpfaden, raus aus Bad Harzburg. Das Ziel: Der Brocken.

Obwohl nur ein paar Hundert Kilometer von Hamburg entfernt, war ich noch nie dort. Als kleines Kind war ich zuletzt im Harz. Ich muss wohl vier oder fünf Jahre alt gewesen sein und kann mich nur noch sehr schwach an diesen Familienausflug mit meinem Vater, dessen Schwägerin und meinem Cousin Joachim erinnern. Strenggenommen nur noch an die Rückfahrt, während der Joachim plötzlich feststellte, dass die von ihm als Erinnerungsstücke gesammelten Steine, in seinen Händen nun immer weicher wurden. Spätestens der allmählich aufsteigende Geruch ließ dann schließlich keinen Zweifel daran, dass seine Sammelei eine ziemliche Scheiß-Idee gewesen war.

Das war damals, als Deutschland noch zweigeteilt war; als der Brocken noch zur DDR gehörte, aber auch die Ossis ihn nicht betreten durften, weil sich die Stasi dort mit einem Abhörposten breitgemacht hatte, um den bösen Klassenfeind im Westen zu bespitzeln. Mit überdimensionalen Parabolantennen und Richtfunkantennen wurde jeder Mucks im Westen mitgehört und auch aufgezeichnet. Solche oder ähnliche Einrichtungen gab es natürlich auch auf der Westseite. Der Rest ist Geschichte: Wenn der Honni mal wieder fleißig am Stuhl vom Ulbricht sägte, feixte der westdeutsche Bundesnachrichtendienst schadenfroh über den Einfallspinsel Ulbricht, der von seiner schleichenden Entmachtung so ziemlich als Letzter erfuhr. Hatte unser lieber Helmut mal wieder Probleme mit seinem Stuhl, weil seine Leibspeise der Saumagen ihm auf selbigen schlug, wusste das die Stasi schon bevor er abgewischt hatte. So in etwa war das damals.

Heute darf jeder auf den Brocken. Ob Ossi, Wessi oder Nachrichtendienstler, da wird inzwischen längst kein Unterschied mehr gemacht. Ware Horden an Wanderern und Wochenendausflüglern spült die Brockenbahn Tag für Tag auf den Gipfel.

Ich will da heute mit dem Fahrrad rauf und hab doch ein wenig Muffensausen. Satte 1142 Meter ist der Brocken hoch. Das Bad Harzburg bereits auf 260 Metern über Normalnull liegt, relativiert nur geringfügig. Schließlich ist die Anfahrt zum Brocken laut Höhenprofil in etwa so eben, wie die Nordsee bei Sturmflut. Das wilde Zick-Zack der Höhenlinie verschafft sich mächtig Respekt.

Autor Henri Lesewitz hingegen nannte einst den Brocken einen Stadtpark. In seinem Bestseller »Endlich Rasen«, beschreibt er den Anstieg als sanft und steigungszahm. Das sollte dann ja wohl auch für mich zu schaffen sein. Andererseits: Schon zu DDR-Zeiten war der gebürtige Torgauer ein exzellenter Radsportler, schielte gar auf eine Olympiamedaille. Mit der wurde es dann aber doch nichts, weil er heimlich Westfernsehen guckte, auf Punkmusik abfuhr und die Stasibonzen mit seinem antisozialistischen Haarschnitt verärgerte. Allein deshalb schon, ist der Lesewitz ein geiler Typ!

Man nahm ihm das Rennrad weg, und auch die Dopingsubstanzen, mit denen sie ihn ohne sein Wissen gemästet und seine Gesundheit ruiniert hatten. Im Gegenzug erhielt er eine hübsche Akte bei der Stasi.

93

An seine einstigen Leistungen konnte Lesewitz nie wieder anknüpfen. Das gelang anderen; Eric Zabel zum Beispiel. Wie wir inzwischen wissen, aber auch nicht dopingfrei. Zyniker würden nun behaupten, dass Lesewitz ohne Anabolika eben kein Ausnahmeathlet und bestenfalls ein etwas überdurchschnittlicher Durchschnittsradfahrer sei. Doch Henri Lesewitz ist Extremsportler und zwar durch und durch. Er wechselte nach dem Mauerfall auf das Mountainbike und fuhr unter anderem das legendäre Yak Attack Rennen, bei dem sich die völlig Bekloppten die Höhenmeter im Himalaja nur so um die Ohren hauen. Und er finishte auch das Strathpuffer24, das als das härteste 24 Stunden MTB-Rennen der Welt gilt - als Solofahrer versteht sich.

Wenn also ein Henri Lesewitz, der die Alpen sein Wohnzimmer nennen dürfte und die Dolomiten vermutlich als eine kleine Hügelkette diffamiert, den Brocken als einen Stadtpark bezeichnet, hat das für Normalsterbliche wie mich, wenig Aussagekraft im Bezug auf die tatsächlichen Gegebenheiten. Die ersten knackigen Anstiege warten jedenfalls unmittelbar auf mich. Der Track windet sich, der Radau stromaufwärts folgend, an Bergflanken entlang und scheint keinen einzigen Höhenmeter auslassen zu wollen. Teilweise sind die Trails ziemlich verblockt, was das Fahren, insbesondere wegen der hohen Zuladung, stellenweise sehr abenteuerlich werden lässt. Wird ja aber auch mal Zeit, dass es etwas zur Sache geht. Bisher hatte der Trip eher was von einer Gravel-Radreise und ich kam mir mit meinem Mountainbike arg overdressed vor. Jetzt aber dürfen die Bremsen endlich mal richtig zupacken, die Gabel ihre 100 Millimeter Federweg voll ausnutzen und die dicken Ballonreifen beweisen, dass ich sie nicht nur als Ballast mitgeschleppt habe.

Der Untergrund hier im Radautal ist überwiegend felsig. Seine mattschwarze Farbe und die scharfen Bruchkannten weisen eine starke Ähnlichkeit mit Schiefer auf, allerdings ist die Oberfläche weit weniger glatt. Rechts neben mir, etwa 30 Meter unterhalb, verläuft die stark befahrene B4, deren Geräuschkulisse leider total nervt. Jenseits der Bundesstraße wird im Gegenhang Fels abgebaut. Nervt auch - nicht nur akustisch. Riesige Bagger und Radlader wühlen im Felsmassiv und halten mir deutlich vor Augen, dass wir Menschen diesem Planeten nicht gut tun. Was über Jahrmillionen entstand, wird hier binnen weniger Stunden unwiederbringlich zerstört.

Am Radaufall lege ich meine erste Pause ein. Nach dem gestrigen Starkregen scheint die etwa zwei Kilometer lange Radau zum Bersten gefüllt zu sein. Es bietet sich ein atemberaubender Anblick. Über die fast senkrechte Felswand stürzen die Wassermassen rund 22 Meter in die Tiefe. Allerdings handelt es sich bei dem Radaufall um eine bereits im Jahre 1859 künstlich geschaffene Touristenattraktion. Um dieses Schauspiel zu ermöglichen, wird das Wasser gut 500 m weiter südlich zu einem Teil abgezweigt und umgeleitet. Dennoch ein unvergesslicher Anblick und in jedem Fall einen Besuch wert.

Nach dem obligatorischen Erinnerungsfoto verlasse ich die südliche Fahrtrichtung und schwenke ostwärts ab. Ich folge dem Klippentrail, der mich durch malerische Landschaft führt. Mit »steigungszahm« ist es allerdings spätestens jetzt vorbei. Gute zwei Kilometer muss ich das Rad eine 15 Prozent-Rampe raufschieben. Welch Schinderei. Doch an fahren ist hier nicht zu denken. Als hätte ein Riese hier mit Murmeln gespielt, liegen kindskopfgroße Gesteinsbrocken auf dem ausgewaschenen Weg, der ebenso gut ein Flussbett sein könnte. Erst kurz vor dem Aussichtspunkt Luisenbank, nahe des 590 Meter hoch gelegenen Gipfel des Hasselkopfs, wird der Untergrund in Form einer Asphaltstraße wieder fahrbar.

Zum ersten mal kann ich nun den Brocken sehen. In weiter Ferne zwar, aber immerhin. Die rotweiß gestrichenen Sendemasten auf seinem Gipfel sind gut zu erkennen, auch wenn sich erste Regenwolken ins Bild zu schieben beginnen. Zwischen hier und dort liegen rund sechs Kilometer Luftlinie. Zwischen hier und dort liegt aber auch der 120 Höhenmeter tiefer gelegene Eckertalstausee, den ich naturgemäß mit einem Mountainbike nicht überqueren kann, sondern umfahren muss. So werde ich auf immerhin acht Kilometer Fahrstrecke insgesamt 600 Höhenmeter bewältigen müssen - steigungszahm, ganz bestimmt.

Es riecht fies und penetrant nach verbranntem Bremsbelag. Die Abfahrt zur Eckertalsperre hat meine Bremse an ihre absolute Belastungsgrenze gebracht. Zwangspause! Das aber macht mir gar nichts. Im Gegenteil, denn die Staumauer ist nicht nur wegen ihrer Größe imposant und mehr als einen Blick wert - immerhin wurden hier 420.000 Tonnen Stahl und Beton verbaut - sondern auch geschichtsträchtig. Das hier irgendwo auf dem künstlichen Staubecken einstmals die innerdeutsche Grenze verlief, wusste ich. Das die Staumauer selbst aber ebenfalls geteilt war, erfahre ich erst durch die vielen angebrachten Infotafeln.

Während des Kalten Krieges, trennte eine befestigte Grenze die verfeindeten Atommächte in Ost und West; damit einhergehend auch die beiden deutschen Staaten. Die wohl bekannteste Art dieser Grenzbefestigungen, wurde schlicht und naheliegendst als »Die Mauer« bezeichnet. Noch heute wird, wenn über die Staatenteilung gesprochen wird, die Mauer als Synonym für die Grenze genannt. Doch in aller Regel bestanden die Grenzbefestigungen aus einem Stahlzaun mit rautenförmigen Lochmuster. Nur an exponierter Stelle, dort wo erhöhte Fluchtgefahr bestand oder der Blick versperrt werden sollte, wurde eine Betonmauer eingesetzt. Das wohl längste Stück dieser Mauer, und gleichsam auch das bekannteste, teilte Berlin. Weit weniger bekannt, aber ebenfalls Kandidat für einen skurrilen Rekord, ist das kürzeste Stück Mauer. Keine zwei Meter war sie lang und stand genau hier.

Antiimperalistischer-Schutzwall hieß die Grenzbefestigung offiziell und diente der Landesverteidigung gegen die kapitalistischen

Feinde im Westen. Das war natürlich absoluter Quatsch. Und das Selbstschussanlagen und Splitterminen nach innen, also gegen die eigene Bevölkerung gerichtet waren, hatte auch seinen Grund. Der liebe Erich und seine Parteigenossen hatten nämlich ein ernsthaftes Problem: Das Leben im Arbeiter- und Bruderstaat war gar nicht so geil, wie immer propagiert wurde. Das merkten die Bürger der DDR recht schnell und versuchten sich vom Acker zu machen. Das Leben in der DDR lebenswerter zu gestalten, kam den SED Bonzen natürlich nicht in den Sinn. Da entsannen sie lieber besagte Grenzanlagen; mitunter mit sehr obskuren Auswüchsen, wie nun eben hier auf dem Stausee. Um die eigenen Bürger daran zu hindern, einfach so über die Staumauer - zwei Drittel davon waren schließlich Hoheitsgebiet der BRD - in den Westen zu spazieren, hätte vermutlich ein einziger Grenzsoldat vor einem Schlagbaum ausgereicht; die Dammkrone ist ja schließlich keine zwei Meter breit. So aber befand sich dort eben das kürzeste Stück Mauer überhaupt - weil sicher ist sicher.

Der Mielke würde sich im Grabe umdrehen, wenn er wüsste, dass im Mai 1967 trotzdem drei Menschen an der Eckertalsperre unerlaubt den Wohnort wechselten.

Am 21.05.1967 war das, um ganz genau zu sein. Da stiefelten drei DDR-Bürger, die Nase voll vom Verzicht auf Coca Cola und frustriert vom ewigen »*Jawohl, Genosse*« sagen, ungesehen über den Brocken in Richtung Torfhaus. Der Signalzaun war von abfließendem Schmelzwasser unterspült und stellte kein Hindernis dar. Auch der Grenzzaun ließ sich überwinden. Und so standen sie am Ufer des Eckerstausees, ohne überhaupt bemerkt worden zu sein. Vermutlich, weil sie keine Badehosen dabei hatten, durchschwammen sie den See nicht, sondern liefen in südlicher Richtung am Ufer entlang, übersprangen einen Bach und standen unversehens im Westen.

In etwa 1400 Kilometer war die Grenzanlage auf deutschem Boden insgesamt lang. Mehr als 1,8 Milliarden Mark hatte ihr Bau verschlungen, 500 Millionen kostete der jährliche Unterhalt und weit über 30.000 Soldaten sicherten sie. Und nun spazierten drei Ausreisewillige, in ihren unmodischen und schlecht sitzenden Wisentjeans (oder vielleicht genau deswegen), einfach mal rüber zu den Wessis - um sich eine Levis zu kaufen.

Ganz so einfach war selbstverständlich nicht jede Flucht. Und leider längst nicht jede war erfolgreich. Es gibt viele bewegende Schicksale rund um das Thema gescheiterte Fluchtversuche aus der DDR. Das von dem kleinen Emanuel Holzhauer aber, geht mir in Mark und Bein.

Emanuels Eltern wollten den sozialistischen Staat am 2.7.1977 mit Hilfe eines Fluchthelfers verlassen, der die Eltern und ihren Säugling im Kofferraum versteckte. Eine absolut einfältige Idee. Es war bekannt, dass jedes Auto an der Grenze gründlich gefilzt wurde. Sich einfach in den Kofferraum legen, war in etwa so vielversprechend, wie mit Schneeschuhen durch ein Minenfeld zu hüpfen. Dem kleinen Emanuel hatte man eine Dosis Schlafmittel verabreicht, um ihn für den Grenzübertritt ruhigzustellen. Das schrottreife Fluchtfahrzeug des drogenabhängigen Helfers quittierte den Dienst aber schon vor dem Grenzübergang. Spätestens jetzt hätte man die Aktion abbrechen sollen; tat man aber nicht. Und als Emanuel aufwachte und zu schreien begann, wurde ihm eine weitere Dosis Schlafmittel gegeben. Irgendwie gelang es dann, jemanden zu finden der bereit war, den Wagen ab- und über die Grenze zu schleppen. Am Grenzübergang Marienborn kam, was kommen musste - der Fahrer wurde aufgefordert den Kofferraum zu öffnen. Der Fluchtversuch war gescheitert.

Das Tragischste daran: Der kleine Emanuel Holzhauer, durch die Hitze und das Schlafmittel geschwächt, war inzwischen jämmerlich erstickt.

19.

Lochplatte

Stetig leicht, aber eben doch stetig, steigt der Weg an und folgt dem nördöstlichen Seeufer. Der Untergrund besteht aus Schotter; allerdings in der Korngröße Tennisball. Der Weg wird ab hier Höllenstieg genannt. Das er diesen Namen aber nicht nur losem Geröll verdankt, lässt das Höhenprofil vermuten.

Ein Mountainbiker kommt mir entgegen. Es ist der erste, seit dem Beginn meiner Reise. Doch strenggenommen ist es gar kein Mountain- sondern einer dieser E-Biker. Das dicke Unterrohr seines Fahrrades entlarvt den darin verbauten, aber eben nur mäßig gut versteckten Akku. Um über die Frage zu sinnieren, ob er sich im Fitnessstudio auch großkotzig 100 Kg an die Beinpresse hängt, um sich dann den Großteil der Arbeit von einem Motor abnehmen zu lassen, bleibt aber keine Zeit. Volle Konzentration ist gefordert. Nicht nur, weil mein Hinterrad immer wieder traktionslos durchdreht, sondern auch, weil der Gegenverkehr die ganzen zwei Meter Wegbreite voll ausnutzt. Er wedelt umher wie der sprichwörtliche Lämmerschwanz. Unsicher, fahrtechnische Defizite nicht verbergen könnend, versucht er verkrampft irgendeine Linie zu finden. Das er bergab tatsächlich langsamer fährt, als ich bergauf, mindert das Unfallrisiko zum Glück erheblich. Eine kurze Berührung unserer Ellenbogen bleibt folgenlos.

Als ich die Hütte am Fuße des Scharfenstein erreiche, geht es ins Eingemachte. Der Höllenstieg wechselt, kaum bin ich ab hier in südlicher Richtung abgebogen, den Untergrund. Ich werde von Lochplatten begrüßt. Sie finden sich überall auf dem so genannten Kolonnenweg und sind ein Teil der einstigen Grenzbefestigung. Zwei Reihen nebeneinander in Achsbreite ausgelegte Betonplatten, die sich üblicherweise ungeachtet der Topographie und Höhenlinien ausschließlich am exakten Grenzverlauf orientierten, dienten der DDR-Grenzpatrouille als Fahrweg.

Diese Platten sind etwa drei Meter lang, einen Meter breit und rund 15 cm dick. Sie haben eine rechteckige Lochgitterstruktur und es finden sich somit, in permanenter Abfolge, 28 Schlaglöcher auf gerade mal drei Quadratmeter Grundfläche, deren Anordnung und Größe zu allem Überfluss so gestaltet ist, dass ein Mountainbikereifen so perfekt hineinpasst, als würde man sein Rad in einen Fahrradständer stellen.

Als Gunnar Fehlau 2009 die erste Grenzsteintrophy - kurz GST - initiierte, konnte wohl selbst er noch nicht absehen, dass er nicht nur eines der besten und zugleich härtesten Selbstversorgerrennen ins Leben rufen, sondern auch den Stahlbetonplatten zu einem echten Kultstatus verhelfen würde.

Die GST orientiert sich ebenfalls am ehemaligen Grenzverlauf und weicht nur selten vom Kolonnenweg ab. Rund 1250 Km ist die Strecke lang und nicht nur wegen der enormen Steigungen, sondern eben auch wegen der nahezu unfahrbaren Lochplatten ebenso berühmt wie berüchtigt. Und doch wagen sich jedes Jahr zumindest eine Handvoll besonders verwegene Bikepacker in dieses Abenteuer - etwa die Hälfte erreicht tatsächlich das Ziel.

Einige der Finisher, so habe ich kürzlich mit Erstaunen im Internet lesen können, haben zu diesen Lochplatten inzwischen eine ganz besondere Beziehung aufgebaut. Eine Mischung aus Verachtung, Respekt und Ehrfurcht muss es wohl sein, die sie veranlasst, sich die Platten, wann immer sie irgendwo ausgebaut und im Zuge von Weggestaltung durch Schotter oder Pflastersteine ersetzt werden, zu ersteigern und in den Garten zu stellen. Lochplatte ist inzwischen Kult - fahren lässt sich darauf trotzdem beschissen.

Bei den rund 12 Prozent Steigung bäumt das Bike sich immer wieder auf. Ich muss auf dem Sattel ganz nach vorne rutschen. Soweit, das mir die Sattelspitze unangenehm am Anus pikst. Ein abartig brennendes Gefühl, das mich an meine Musterung bei der Bundeswehr zurückdenken lässt.

Die im Volksmund als Hafenrundfahrt bezeichnete Rektaluntersuchung, muss leider jeder angehende Soldat über sich ergehen lassen. So also auch ich. Und das, wo es mir ja schon unangenehm ist, wenn jemand Fremdes mit einem Wattestäbchen kreisende Bewegungen in meiner Nase vollzieht.

Wer wie ich, seine angespannte Unsicherheit mit Situationskomik zu überspielen versucht, sollte sich wohlüberlegt äußern. Einen altgedienten Stabsarzt mit den Worten »*Steck doch mal noch einen rein - ich werd noch gar nicht geil!*« herausfordern, ist keine gute Idee. Schnell lernt man dessen konsequente und rasche Handlungsweise kennen.

Mit einem »*Nicht jammern! Beim letzten Komiker habe ich meine Armbanduhr verloren*«, beließ er es dann gnädigerweise bei zwei Fingern.

Die Beladung will permanent der Erdanziehung folgen; ich aber möchte doch in genau die andere Richtung. Nur ein paar Hundert Meter schaffe ich - im kleinsten Gang - dann klicke ich aus. Ein 14 Kilo schweres MTB, obendrein 12 Kilo Zuladung und Beine wie Pinocchio - keine Chance, hier komme ich nicht hoch.

Es ist schon die zweite Schiebepassage an diesem Tag. Den Campingplatz an der Okertalsperre werde ich so heute aber nicht mehr erreichen können und umdisponieren müssen. Doch bevor ich mir darüber Gedanken mache, will ich zunächst aus dem einsetzenden Regen raus. Ich schiebe also weiter. Vielmehr versuche ich es. Es ist nämlich gar nicht so einfach, mit den Cleats unter den Schuhen, bei dieser enormen Steigung auf den Platten Halt zu finden. Das Rad einen Meter vorschieben, Bremse ziehen (nur vorne, sonst steigt das Bike), Körper nachziehen und dabei möglichst kleine Schritte machen, dann das Ganze von vorn.

Mein Tacho vermeldet mir eine aktuelle Durchschnittsgeschwindigkeit von genau 1 Km/h. In Worten: EINEM! Es wird Stunden dauern, bis ich den Gipfel erreicht haben werde. Doch aufgeben ist keine Option; nicht für jemanden, der die Hafenrundfahrt mit Doppelbesatzung überstanden hat.

Aus dem Regen wird ein Gewitter. Das erste Grummeln kommt bereits über den Gipfel gerollt.

»*Steigungszahm*«, grummle ich im Gleichklang mit dem aufziehenden Unwetter. Ob das derselbe Brocken ist, auf dem Lesewitz war? Und wie kamen eigentlich die zahllosen Facebooker mit ihren likegeil geposteten Gipfelfotos nach oben? Die können ja nicht alle mit der Brockenbahn gefahren sein. Wie machen das die Teilnehmer der GST? Die fahren ja nicht nur über den Brocken, sondern mit ihrer ganzen Survivalausrüstung die Strecke von Hof in Bayern bis nach Travemünde in Schleswig-Holstein; und das sind ja auch nur ganz normale Lehrer, Maschinenbauer, Bäcker, Verkäufer oder what ever.

Und genau da - in diesem Moment wird es mir erst bewusst - liegt der Hase im Pfeffer. Die GST führt von Süd nach Nord. Und auch der Lesewitz war im südlichen Braunlage gestartet. Ich scrolle durch die Karte im GPS-Gerät. Das will ich jetzt ganz genau wissen. Was ich sehe ist eindeutig. Von Norden kommend, gibt es diesen einen, diesen fiesen Kolonnenweg, der jegliche Steigungswerte missachtend, auf nahezu direkter Linie Richtung Gipfel gebaut wurde, weil bei der Planung eben nur der Grenzsoldat mit seinem Trabi, nicht aber ich mit meinem Mountainbike in Erwägung gezogen wurde. Im Süden treffen hingegen wenige Hundert Meter unterhalb des Gipfels, gleich drei Wege aufeinander. Aus Ost, West und Süd laufen sie zusammen und sind deutlich weniger steil. In seinem Buch schrieb Lesewitz, dass ihm der direkte Weg auf den Brocken zu kurz gewesen war und er deshalb noch einen Umweg über die Orte Sorge und Elend genommen hatte. Die Karte entlarvt: Der clevere Kerl hatte damit den dem

Brocken vorgelagerten Wurmberg umfahren und den einfachsten Weg über Schierke gewählt. Es geht doch nichts über eine gute und akribische Streckenplanung.

Die Wetterschutzhütte auf halbem Weg kommt wie gerufen. Als waschechter Hamburger habe ich überhaupt keine alpinen Erfahrungen und bin überrascht, wie schnell hier im Mittelgebirge das Wetter in Höhenlagen umschlägt. Vor nur einer Stunde, hatte es mit Regen begonnen. Gefolgt war das leichte Grummeln eines entfernten Gewitters, das nun urplötzlich, nur wenige Minuten später, mitten über mir tobt. Gemeinsam mit einer Schar Wanderer, suche ich Zuflucht in der Hütte, dessen Dach leider nur mäßig dicht ist und verliere mehr als eine halbe Stunde, bevor das Unwetter zumindest soweit abgeklungen ist, dass keine Blitze mehr vom Himmel zucken und ich mich wieder auf den Weg machen kann.

20.

Brockensturm

Ich erreiche den kleinen Brocken, einen dem Brocken etwa 1,5 Kilometer vorgelagertes Plateau auf 1000 Metern Höhe. Es ist eine wunderbare Kulisse, die sich im diesigen Nebel allerdings zeitweise nur wage erahnen lässt. Mehr als zehn Meter beträgt die Sicht nicht, wenn sich wieder eine der Nebelschwaden heranschiebt. Ob es überhaupt Nebel, oder eine tiefhängende Regenwolke ist, kann ich nicht wirklich ausmachen. Nass ist es jedenfalls - und stürmisch. Der Wind treibt dicke Schwaden vor sich her und zerrt an der sich wie ein Segel aufblähenden Jacke.

Ein paar letzte jämmerlich verkrüppelte Kiefern stehen hier, die ihr einsames und karges Dasein auf nacktem Fels fristen, wie die vereinzelt verbliebene Haare einer beginnenden Altersglatze, während der tiefer gelegene Nadelwald noch wie ein diese Glatze einrahmender Haarkranz wirkte. Hier und dort liegen moosbewachsen Felsbrocken wie achtlos fallengelassene Brotkrumen verstreut. Der Boden links und rechts des Wegs ist lückenlos mit flachen Sträuchern bedeckt. Hier könnte man bei guten Wetterbedingungen sicher erstklassig erstklassige Westernfilme drehen. Zweit- und drittklassige notfalls natürlich auch. Schade nur, dass außer mir ja kaum noch jemand auf Western steht. Dabei komme ich mir im Moment tatsächlich wie einer dieser einsamen Revolvermänner vor. Nur das ich nicht nach Westen, sondern Richtung Süden reite. Das wiederum ist echter Stilbruch und reicht ja allenfalls für eine dieser viertklassigen Italiano-Produktionen. Spaghetti-Gedöns sagen die, die sich auskennen.

Tapfer stapfe ich weiter. Schritt für Schritt stemme ich mich Sturm und Steigung entgegen. Die Nässe kriecht mir klamm in die Knochen. Längst hat die Regenbekleidung gänzlich kapituliert. Das Wasser läuft mir oben zum Kragen herein, die Kimme herunter und zu den Hosenbeinen wieder heraus. Und es ist arschkalt. Ich zittere am ganzen Körper und spüre Hände und Füße kaum noch. Mein Organismus ist im Begriff, auf den Notfallmodus umzustellen, bei dem die äußeren Extremitäten nur noch schwach durchblutet und notfalls geopfert werden, um zumindest die überlebenswichtigen Organe im Torso versorgen zu können. Jetzt wird es wirklich grenzwertig ernst.

Doch der Gipfel ist ja bereits zum Greifen nah. Zunächst kaum wahrnehmbar, dann immer deutlicher, blinzelt der Funkturm des Brockens durch die dichte Suppe und bietet nicht nur eine halbwegs gute Orientierung, sondern bringt auch einen gehörigen Schwung Motivation mit. Das Pfeifen der Brockenbahn kommt mit jedem Schritt dichter und verrät mir ebenfalls, dass mich nur noch Minuten vom herbeigesehnten Mittagessen im hoffentlich gut geheizten Restaurant trennen.

Als ich den Gipfel erreiche, haut es mich um. Allerdings ist es nicht der Ausblick - man kann schließlich kaum die Hand vor Augen sehen - sondern der Wind. Er reißt mir förmlich das Bike aus den Händen, das scheppernd irgendwo neben mir aufschlägt, während ich das Gleichgewicht verliere und es mich auf den Hosenboden setzt. Ein Sturm auf dem Brocken, statt Sturm auf den Brocken. Das Ganze hatte ich mir irgendwie anders vorgestellt.

Als 1989 die Grenze fiel, geschah das nicht auf einen Schlag. Nicht überall konnte man so einfach mal eben über die Grenze spazieren. Vielmehr wurde sie ab dem 9. November - nach dem Patzer von Schabowski - zunehmend löchrig, zerbröckelte, löste sich Stück für Stück auf. Das aber war vorerst nicht das Ende der DDR, wie heute oft angenommen wird. Der sozialistische Staat kapitulierte, und das wissen Viele nur, weil es da einen Feiertag gibt, erst am 3. Oktober 1990. Bis zu diesem Tag war ein Überschreiten der Grenze nicht nur noch immer eine Auslandsreise, sondern es gab auch noch immer Sperrzonen. Der Brocken war eine solche Sperrzone. Das Betreten war nach wie vor streng verboten - ganz zum Unmut der inzwischen mutig und aufmüpfig gewordenen Bevölkerung, der selbst die Ankündigung, der Brocken dürfe ab dem 1. Dezember endlich betreten werden und nur das Gipfelplateau bliebe russisches Militärgebiet, nicht ausreichte. Zu Tausendenden machten sie sich am 3. Dezember 1990 auf zum Brockensturm. Die Bilder dieser Aktion gingen um die Welt. Altmodisch gekleidete Kotelettenträger mit Günter Netzer Frisuren, selbstgemalte Plakate haltend, standen noch schlechter, weil uniformgekleideten Menschen gegenüber und erhielten tatsächlich Einlass, während ein laues Lüftchen bei strahlendem Sonnenschein ihren Jubel davontrug.

Jubelschreie und Sonnenschein - so in etwa hatte ich mir meinen Brockensturm auch vorgestellt. Stattdessen empfängt mich bei meinem Brockensturm nun also ein Brockensturm. Und was für einer. In gebückter Haltung, fast auf allen Vieren kriechend, taste ich nach meinem Rad und finde es in einiger Entfernung. Aufstehen ist aber nicht drin. Sobald ich mich aufrichte, sitze ich wieder auf dem Hintern. Das Bike in Schräglage in den Wind gestellt, beuge ich mich so flach wie möglich darüber und kämpfe mich so in den Windschatten des Restaurantgebäudes vor. Dort lasse ich erschöpft Rad und Ausrüstung achtlos zu Boden sinken.

Der gut gefüllte Touristensaal erinnert eher an die Kantine eines schwedischen Möbelhauses, ist allerdings deutlich altmodischer eingerichtet. Der zweifelhafte Charme der 70er Jahre empfängt mich. Die Einrichtung ist ziemlich in die Jahre gekommen und der Raum völlig überheizt. Natürlich setzt zunächst das schmerzende Gefühl taubgefrorener Gliedmaßen ein, die einem viel zu schnellen Temperaturwechsel ausgesetzt sind. Doch das ist immer noch besser, als sich jetzt draußen aufhalten zu müssen. Auf die Zähne beißen, wegatmen, aushalten - gleich wird es erträglicher werden. Ich muss eingestehen, mir steht beinahe das Wasser in den Augen.

Als »*Das Höchste im Norden*«, bewirbt der Brockenwirt seine etwas vollmundig als Restaurant bezeichnete Imbissstube vielversprechend. Das mag ja auch zweifelsfrei auf die geographischen Gegebenheiten zutreffen. Weil ich dies aber auch mit einem kulinarischen Erlebnis antizipierte, bin ich doch arg enttäuscht. Der Becher heiße Schokolade, von dem ich mir offengestanden versprochen hatte, dass er eben mehr als nur heiß ist, stammt aus einem dieser Automaten, die heißes Wasser über ein Instantpulver laufen lassen. Kein liebevoll in warmer Milch angerührter Kakao und Schokolade schon mal gar nicht! Schade!

Unter den gegebenen Umständen gehen die Pommes noch so eben durch. Das vertilgte Schnitzel hingegen erweckt bei mir den Eindruck, als wenn es ebenfalls zeitnah durchgehen wird, und zwar durch meinen Magen-Darmtrakt. Und so dauert es auch gar nicht lange, bis mein krampfender Magen eindeutig vermeldet: Das Schnitzel erlebt seine Talfahrt noch deutlich vor meinem Aufbruch. Hastig und mit schnellen Schritten, Telefon und Portemonnaie muss ich achtlos auf dem Tisch liegen lassen, hetze ich zur Toilette und das Schnitzel ebenso eilig aus mir heraus. Das ging gerade eben nochmal gut. Auf Bremsspuren vom Vorgänger haben ich in diesem kritischen Moment allerdings nicht geachtet - scheiß drauf!

Als ich das Gebäude verlasse, empfangen mich Windstille und Sonnenschein. Es ist, als wäre ich durch ein imaginäres Tor durch Zeit und Raum gereist und in eine andere Welt getreten. Das Rumoren in meinen Eingeweiden ist verschwunden, das über dem Berg auch. Es mag ketzerisch klingen, aber das ist Hexerei - es kann nicht anders sein. Völlig verblüfft blinzele ich, mit meiner noch immer triefend nassen Regenjacke, die als ein stilles Zeugnis des noch vor einigen Augenblicken am Himmel tobenden Unwetters schlaff über meinen Schultern hängt, in die Sonne und verstehe die Welt nicht mehr.

Überall wuseln nun Touristen umher, machen Gruppenfotos und Selfies, rempeln sich untereinander mit ihren übergroßen Expeditionsrucksäcken an und stolpern gegenseitig über ihre Wanderstöcke. Die Brockenbahn traf soeben ein und hat die Lauffaulen unter den sich als *Wanderer* bezeichnenden, sowie jede Menge lärmende Teenager, Ausflugsgruppen und Familien mit Kleinkindern auf den Gipfel gespült. Das also, wird der Lesewitz wohl mit Stadtpark gemeint haben.

Vor dem Brockenmuseum hat sich leider bereits eine schier endlose Schlange Einlassbegehrender gebildet. Eine Stunde Wartezeit - mindestens, so schätze ich. Soviel Zeit habe ich nicht. Ich habe noch allerhand Wegstrecke vor mir und wer weiß, wie lange sich das Wetter noch hält?

Auch das eigentlich obligatorische Gipfelfoto vor der in Stein eingelassenen Messingtafel, dem Tausendfach-Fotomotiv, fällt aus. Eine völlig überdrehte Asiatin hüpft, wie von Gummibärensaft oder Raketentreibstoff befeuert, vor dem Ding umher; posiert, zieht Grimassen, gibt Luftküsse, klettert auf den Stein, dann wieder herunter und dabei quatscht dieser Möchtegern-Influence-Star ebenso aufgeregt wie unentwegt, in das filmende Smartphone seiner Begleiterin.

Es ist mir zu doof »*Cut*« zu rufen und den beiden aufsteigenden, strenggenommen ja wohl eher aufgeschuttelten Newcommern am C-Promihimmel, das Ende ihrer Dreharbeiten ans Herz zu legen. Da quälst du dich mit dem Fahrrad auf den Brocken - von der Nordseite wohlgemerkt - und am Gipfel stehst du wie ein kleiner Junge auf einem Spielplatz und musst betteln, auch mal auf die Rutsche zu dürfen? Forget it!

Doch irgendetwas muss mit vom Brocken; mehr als nur die Erinnerung an Akutdurchfall auf einer Gaststättentoilette. Ich will etwas haben, dass auch nach Ewigkeiten des Daseinfristens in einer

Kommodenschublade, sobald man ihn abgeputzt hat, den Staub des Vergessens, an diesen Tag voller heldenruhmreicher Selbstgeißelung erinnert. Eine Urkunde, einen Pokal oder zumindest einen Eintrag ins Guinessbuch, empfände ich als angemessen. In jedem Fall aber irgendetwas, wenn schon nicht mal ein Gipfelfoto zu bekommen ist. Immerhin habe ich eine wahre Heldentat vollbracht. Niemand hat es bemerkt - gewürdigt schon gar nicht.

Alles Banausen und Ignoranten; ihr Tun ist wahrhaft judäischer Natur. Ob Jesus auf eine ähnliche Welle der Gleichgültigkeit stieß, als man ihn ans Kreuz nagelte? Wahrscheinlich ist er nur deshalb am Ostersonntag aufgestanden und weggegangen, weil es ihm einfach irgendwann zu blöd war, das ganze Wochenende doof in der Gegend rumzuhängen, ohne das es irgendwen interessiert hätte.

Zugegeben: Eine recht gewagte theologische These - ich sollte sie irgendwo an eine Kirchentür nageln.

Diese kleinen gläsernen Automaten, sie stehen - in aller Regel ungenutzt - an fast jeder öffentlichen Touristenatraktion herum und warten auf vergessene Helden. Sie warten auf beinharte Typen, echte Kerle; auf solche, die wahrlich Glorreiches vollbrachten. Sie warten auf Typen wie mich, die diesen verfluchten Berg von der Nordseite erklommen und sogar das Brockenschnitzel überlebt haben. Und da es offenbar sonst niemand tun will, kröne ich mich eben einfach selbst. So wie es einst der Sheriff von Nottingham auch vorhatte, als er König Richard für tot erklären ließ und sich England unter den Nagel reißen wollte. Ein alles vereitelnder Robin Hood ist nicht in Sicht - der einzige Mann in hautengen Hosen bin ich selbst. Da kann wenig schiefgehen.

Einen Euro und einen Cent werfe ich in den Münzschlitz ein, spüre dabei zwar in keinster Form Erregung, drehe aber dennoch erwartungsfroh an der Kurbel. Scheppernd fällt der Euro in die Kasse des Automatenaufstellers, das Centstück erhalte ich, plattgewalzt und mit einem Brockenmotiv bestanzt, zurück.

Fast ein wenig euphorisch halte ich dieses Andenken, einstmals ein Klumpen Kupfer, anschließend Teil der Währungsreform und nun Zeugnis meiner Heldentat, in Händen. Jetzt gibt es kein Leugnen mehr; allen Zweiflern trotzend, habe ich etwas, was die eindeutige, unbestreitbare Tatsache belegt: Ich war dort, ganz oben auf dem höchsten Berg Norddeutschlands. Ich bin der Reinhold Messner Sachens-Anhalts ...und ich kann es beweisen.

Meine Tochter übrigens, liebt diese Art von Erinnerungsstücken und bezeichnet sie liebevoll als »*ihre Medaillen*«. Eine erstaunlich große Anzahl hat sie bereits gesammelt und wird sich über das Mitbringsel sicher freuen. Ich habe zwar mal irgendwo gelesen, dass es strafbar sein soll, Geld zu vernichten - vom Verformen stand da aber zum Glück nichts.

21.

Sehnsucht_

Auf dem Gipfel gibt es für mich nicht mehr viel zu sehen. Er ist tatsächlich recht unspektakulär. Angelegte Schotterwege, viel Asphalt, gepflasterte Gehsteige und der Bahnhof - das ist mir für einen sagenumwogenen Hexenberg deutlich zu urban. Der Vergleich mit einem Stadtpark könnte zutreffender tatsächlich nicht sein. Es fehlen nur noch breitgetretene Hundehaufen. Bei genauerem Hinsehen, würde man die vermutlich auch finden. Genug der vierbeinigen Kotpumpen laufen jedenfalls unangeleint umher und mir ständig vor das Rad. Es wird allerhöchste Zeit, dem Massentourismus wieder den Rücken zu kehren.

Die ersten Meter fahre ich in südlicher Richtung die Brockenstraße hinab. Obwohl, oder vielleicht gerade weil sie für den Autoverkehr gesperrt ist, befindet sich ihr Asphalt in allerbestem Zustand. Die zahlreichen Fußgänger lassen jedoch keine temporeiche Talfahrt zu. Hier gilt für mich schlicht Rücksichtnahme als das Gebot der Stunde. Mir ist es immer wichtig, das leider sehr ramponierte Image unseres Sports, durch möglichst beispielhaftes Verhalten, ein wenig zu polieren. Ohnehin werden sich die Reihen der Spaziergänger zusehends lichten, je weiter ich mich von dem Bahnhof entferne. Man kennt das ja von seinen Hometrails. Je dichter man einem Parkplatz kommt, desto mehr Spaziergänger trifft man im Wald an - und umgekehrt. Das ist hier im Harz keinesfalls anders. Und so treffe ich auf dem Goetheweg, der alsbald von der Brockenstraße in westliche Richtung abzweigt, schon nur noch sporadisch andere Menschen. Hier kann ich das Bike nun auch mal richtig laufen lassen. Platz ist auf dem fast drei Meter breiten Schotterweg mehr als genug. In sanften Wellen und mit im Radius großzügig bemessenen Kurven, windet er sich gemütlich talwärts. Und er ist deutlich weniger steil, als es der Aufstieg war. Dennoch bin ich nun froh, den Brocken von der Nordseite angegangen zu sein. Eine Schussfahrt auf den Lochplatten des Kolonnenweges, hätte mich wohl ziemlich durchgeschüttelt und auch der Bremse mehr als alles abverlangt. Hier auf dem Goetheweg hingegen, kommt bei der Abfahrt reichlich Flow auf. Ich brauche kaum treten, noch weniger bremsen und rausche fröhlich dauergrinsend bergab.

Nachdem ich beim Kampf mit Witterung und Topographie nicht nur reichlich Körner, sondern auch viel Zeit liegenlassen habe, entscheide ich mich dafür, außerplanmäßig in Torfhaus zu übernachten. Der erneut einsetzende Regen bestärkt mich in meinen Absichten. Ich habe ohnehin auf den vorherigen Tagesetappen stets mehr Kilometer absolviert, als ursprünglich geplant. Da genehmige ich mir heute einfach mal einen Ruhetag; das kann definitiv nicht schaden. Ohnehin sollte ich mich unbedingt mal der inzwischen hoffnungslos entzündeten Mückenstiche annehmen. Hühnereigroße und stark schmerzende Schwellungen sitzen da rund um die Einstichstellen im Fleisch. Ob es in Torfhaus einen Arzt gibt?

Die Jugendherberge jedenfalls ist schnell gefunden. Sie befindet sich in einem architektonischen Augenschmaus; einem mehrfach verwinkelten, holzverkleideten Bau auf Feldsteinfundament und mit versetzten Ebenen. Auch innen erfüllt die Herberge meine Erwartungshaltung voll und ganz. Inzwischen gleichen viele Jugendherbergen ja eher den Hotels irgendwelcher seelenloser Beherbergungsketten. Das ist in Torfhaus zum Glück nicht so. Hier ist die Jugendherberge so, wie man sich eine Jugendherberge vorstellt: Ein altgedienter und leicht abgewohnter Gebäudekomplex, dessen erst kürzlich vorgenommener Neunstrich zwar eine gewisse Frische vermittelt, aber doch nicht verbergen kann, dass hier schon viele Generationen übernachteten. Das Gebäude selbst dürfte wohl in den 50ern errichtet worden sein. Die Inneneinrichtung lässt auf eine letzte umfangreiche Sanierung Ende der 80er Jahre schließen. Robuste Möbel, ausgetretener Linoleumboden, massive Doppelbetten in an lange Korridore grenzende Mehrbettzimmer und Gemeinschaftsduschen, erfüllen nicht nur ihren Zweck, sie wecken auch Kindheitserinnerungen an längst vergangene Klassenfahrten. Ich fühle mich sofort pudelwohl. Hier wird mir exakt geboten, was ich als Radwanderer erwarte: Funktionaler Purismus. Eine auf die notwendigen Grundbedürfnisse zugeschnittene Komfortbasis - nicht mehr und nicht weniger. Duschen, essen, schlafen; mehr will ich als Durchreisender ja schließlich nicht.

Allerdings stünde mir durchaus der Sinn nach etwas Informationsfluss. Seit Tagen habe ich nicht in Erfahrung bringen können, was in der Welt um mich herum geschehen ist. Einerseits ist es unerwartet befreiend, nicht ununterbrochen mit Negativmeldungen der Presse überschüttet zu werden; Angst, Hass, Titten und der Wetterbericht, können schließlich selbst bei einem ausgemachten Optimisten irgendwann zu mittelschweren Depressionen führen. Andererseits kann und will ich ja nicht bis nicht zum Ende meiner Tage wie ein Eremit fern jeglicher Zivilisation leben. Vielleicht habe ich es gar nicht mitbekommen und der ganze Coronaspuk ist schon vorbei, der Weltfrieden inzwischen eingekehrt und die katholische Kirche hat nicht länger Wasser gepredigt und Wein getrunken, sondern tatsächlich ihre mehr als 200 Milliarden Euro in praktizierter Nächstenliebe der Welthungerhilfe gespendet; damit eben nicht, während ich hier total informationsisoliert durch den Harz kurbele, wieder irgendwo ein Kind verhungert.

Nichts wäre naheliegender, als sich im öffentlichen Fernsehraum die Tagesschau anzusehen. Das scheitert nun allerdings an einer Gruppe englischsprachiger Jugendlicher, die sich extrem lautstark mitfiebernd, für eine dieser unsäglichen Castinshows entschieden hat. Deutschland sucht den Superdussel, oder so ähnlich. In Ermangelung eines Radios oder einer Tageszeitung, bleibt mir zum Schließen meiner temporären Wissenslücken also nur das Smartphone. Doch das spuckt nichts aus. Jedenfalls nichts, was ich nicht schon gewusst hätte. Wie gehabt herrschen Mord und Totschlag auf dem Globus, Covid geißelt die Menscheit ungebremst, die Klimaerwärmung heizt uns weiter ein und Mutti Merkel legt mal wieder tatenlos die Hände in den Schoß und erzählt dem Bürger, was er inzwischen längst nicht mehr hören kann: »*Wir schaffen das!*« Wie, und vor allem was wir schaffen, das verrät sie wie immer nicht. Der Spahn grinst wie gewohnt von einem Ohr zum anderen in die Linse und wirbt in bester Teleshoppingmarnier für seine FFP2-Masken, und beim Fußball hat sich mal wieder irgendwer theatralisch vor den Kameras über den Rasen gewälzt, weil ihm ein anderer Irgendwer auf den Fuß getreten ist.

Während ich den Artikel lese, um zu erfahren wie denn das Spiel ausgegangen ist, ploppen immer wieder irgendwelche beknackten Werbeanzeigen auf. Mediamarkt möchte, dass ich mir endlich einen neuen Fernseher kaufe! Jetzt! Weil der für 2400 Euro ein absolutes Schnäppchen sein soll.

Und ein mir völlig unbekanntes Pharmaunternehmen, möchte mir seine Tigerextrakt-Pillen verkaufen. Ich habe erhebliche Bedenken bezüglich der Seriosität dieser Werbeannonce. Immerhin stehen Tiger meines Wissens unter Artenschutz und die zwangsläufig aufkeimende Frage, was ich wohl mit einem als Resultat versprochenen Tigerschwanz anfangen soll, bleibt auch ungeklärt.

Entnervt lege ich das Handy zur Seite. Das Abendessen habe ich verpasst, für die Nachtruhe ist es noch zu früh und so lasse ich, stoisch an die Wand blickend, meine Gedanken kreisen und den Tag ein wenig Revue passieren; komme aber kaum dazu.

Im Nebenzimmer weint sich, herzzerreißend nach seiner Mutter rufend, ein Kind in den Schlaf. Mit Sohn und Tochter, aber eben ohne die Mutter, ist mir der Mittvierziger von nebenan schon vorhin aufgefallen. Ein sympathisch wirkender Kerl, der auch freundlich grüßte. Doch erschöpft sah er aus. Irgendwie ausgebrannt und innerlich leer. Sein Blick war der eines gebrochenen Mannes. Und nun schreit sein Kind seinen Schmerz des Vermissens heraus. Mir blutet das Herz. Welches Schicksal wohl auf dieser Familie lasten mag? Ist es nur das Heimweh eines Kindes, dessen Mama mal eine Weile eine Auszeit braucht? Konnte die Mutter aufgrund einer Erkrankung nicht mit in den Urlaub? Haben sich die Eltern getrennt? Ist die Mutter womöglich verstorben? Zu fragen traue ich mich freilich nicht. Es wäre absolut pietätlos. Und doch habe ich das dringende Bedürfnis, irgendwie helfen zu können.

So tue ich etwas, was ich sehr selten tue: Ich falte die Hände und spreche so etwas wie ein Gebet. Zum wem genau, dass weiß ich nicht. Ich bin nicht gläubig, fühle mich keiner Religion zugehörig und stehe Institutionen wie der Kirche mit ihren Skandalen, ihrem auf Krieg, Elend und Ausbeute beruhendem Prunk und Wohlstand eher kritisch gegenüber. Ich bin mir nicht sicher, ob es so etwas wie einen Gott, ein übergeordnetes Wesen oder ein unser Schicksal lenkendes Irgendwas oder Irgendwen überhaupt gibt. Aber falls doch, kann es doch sicherlich nicht schaden, ein wenig Beistand für diese Familie zu erbitten.

Ob meine Tochter, die ich zweifelsfrei bei ihrer Mutter gut aufgehoben und in liebevollen Händen weiß, auch hin und wieder solche schreckliche Sehnsucht nach mir, dem meist abwesenden Elternteil, durchleiden muss? Erneut falte ich die Hände und eröffne die Bitte, sie diesen Schmerz - ich kenne ihn aus leidvoller Erfahrung nur zu gut - nie spüren zu lassen.

22.

Kahlschlag

Die Sonne brennt mir gewaltig auf den Helm. Knapp 30 Grad vermeldet das Thermometer. Das es heute warm werden würde, war bereits abzusehen gewesen, als ich das leicht versnobte Örtchen Torfhaus, in dem ich am heutigen Dienstagmorgen mit einer grandiosen Talfahrt auf Schotter startete, verließ.

Torfhaus, so idyllisch gelegen es auch sein mag, war mir wirklich keinen längeren Aufenthalt als eben den zweckdienlichen der Übernachtung wert. Es gibt dort neben der Jugendherberge eigentlich kaum etwas für Menschen, die nicht mindestens einen 911'er Porsche fahren. Ich fahre keinen Porsche sondern ein Mountainbike und falle somit augenscheinlich nicht in die anvisierte Zielgruppe. Das einzige Restaurant im Ort wirkt zwar gar nicht so protzig, als das die überzogenen Preise gerechtfertigt erscheinen würden, geniert sich aber dennoch nicht, seine Gäste richtig zur Kasse zu bitten. In einem Ort mit Jugendherberge, wo Schüler mit begrenztem Taschengeldbudget gastieren, hätte ich eher einen Kiosk, einen Dönerstand und auf Jugendliche ausgerichtete Freizeitgestaltungsmöglichkeiten erwartet.

12 Euro teure Burger passen jedenfalls eher nach Westerland und zu dessen Klientel. Doch essen Porschefahrer denn überhaupt Burger? Ist das nicht viel zu ordinär? Oder fahren die dafür extra in den Harz - in ihrem Porsche - weil man sich für 12 Euro mal so richtig ordinär fühlen darf?

Das Image des Harz ist ja zweifelsfrei etwas angestaubt. Und tatsächlich scheint touristisch vieles in der Zeit zwischen 1970 und 1980 stehengeblieben zu sein. Aber ein Wechsel vom seine stinkenden Bergstiefel vor der Tür abstellenden Wandersmann zum Poloshirt tragenden und Zähne gebleacheden Unternehmersohn als Zielgruppe, soll nun den Harz touristisch wieder unter die Top Ten der deutschen Urlaubsorte bringen? Ist es okay, wenn ich skeptisch bin?

Der ortsansässige Outdoorladen hingegen hätte mich schon vom Themenschwerpunkt her locken können, hat leider aber ähnliche Öffnungszeiten wie das Finanzamt; auch bekannt als Firma Rast und Ruh´- Morgens geschlossen, danach zu!

Ich hatte die Jugendherberge nach einem ausgiebigen Frühstück verlassen, wenngleich das Buffet erwartungsgemäß eher einfacheren Standards war. Die Brötchen jedenfalls waren in etwa so knusprig wie ein Knäuel Wollsocken und vermutlich vom Vortag. Aber so was ist dann eben auch der Preis für eine solche Low-Budget-Übernachtung und im Vorwege einkalkuliert. Extrem geschmacksintensiv hingegen war die Milch in meinem Kaffee. Leicht süßlich irgendwie. Zu spät hatte ich bemerkt, dass ich mich vergriffen und versehentlich Mandelmilch in meinen Becher geschwappt hatte.

Mandelmilch ist auch so eine Modeerscheinung, mit der ich mich einfach nicht anfreunden kann. Sie ist die aktuelle Evolutionsspitze hypochondernder Ökofritzen. Neuerdings ist es ja hip und angesagt, gegen alles mögliche allergisch zu sein. Lactoseintollerant zum Beispiel, will nun plötzlich jeder sein - das ist selbstredend selbst diagnostiziert. Vernunftsintollerant trifft es doch wohl eher.

Über Jahrzehnte tranken Menschen Milch. Ganz stinknormale, ordinäre Milch, aus Eutern von mal mehr, mal weniger glücklichen Kühen. Statt im Zuge von »*alles bio, alles öko, alles gut*« weg von der hochpasteurisierten Milch im Tetrapack und hin zu der frischen Milch direkt vom Bauernhof (mit dickem Fettrahm und noch warm, weil frisch gemolken) zu wechseln, bedarf es selbstredend einer gewissen Extravaganz, um gesundheitsbewusst zu wirken, statt zu sein.

Koffeinfreiem Kaffee folgte Cola Light, dann Cola Zero. Und fleischfreie Schnitzel laufen Tofuwürsten inzwischen auch den Rang ab. Da ist milchfreie Milch ja nur die logische Konsequenz; sie schmeckt dann allerdings auch entsprechend. Auf das erste vegane Hühnerei warte ich mit Spannung.

Der portionsweise abgepackte Frischkäse war zum Glück erst eine Woche abgelaufen. Normalerweise bin ich da echt pingelig. Heute war mir das allerdings Wurst. Und zwar auch, weil genau die inzwischen Mangelware war. Die Auswahl des Aufschnitts hatte sich bereits auf ein äußerst überschaubares *»beinahe-nicht-mehr-vorhanden«*, gelichtet. Ich hatte gut und lange geschlafen und war entsprechend spät im Frühstücksraum erschienen. Die bikende Jugendgruppe, die mit ihren Betreuern gestern kurz nach mir in der Herberge eingetroffen war, hatte bereits kräftig zugeschlagen. Dafür gab es aber noch Käse in Hülle und Fülle. Höhlenkäse, Gouda und Essrom lagen neben Maasdammer und Emmentaler. Der Ziegenkäse kuschelte mit dem Brie, der Harzer Roller mit dem Mommark. Ganz außen dann ein Blauschimmelkäse neben einer Sorte die ich nicht kenne, ihren Geruch hingegen schon: So riechen meine Füße nach einem 24 stündigen Marathonrennen.

Wer isst schon, was riecht wie die eigenen Socken? Mit frischem Obst hatte ich mir den Bauch dennoch ordentlich vollschlagen können. Ich werde die Energie brauchen. Denn die heutige Etappe wird mit 90 Kilometern sicherlich kein Zuckerschlecken werden; wenngleich es ja tendenziell Richtung Küste weitestgehend bergab gehen müsste. Ich vermute dennoch, dass ich es wohl noch bereuen werde, mir keine Wegzehrung mitgenommen zu haben.

Der Track führte mich bereits nach wenigen hundert Metern raus aus Torfhaus mit seinem urbanen Wohlstand und seinem glatten Asphalt. Nach einigen Metern auf Schotterweg wartete bereits der erste Trail auf mich - und was für einer: Verblockt und mit oberkörpergroßen Felsen gespickt, wand sich der Pfad steil und tief ausgewaschen abwärts. An Fahren wäre hier, selbst ohne Beladung, kaum zu denken gewesen. Das Bike samt Gepäck schultern, war aber auch keine leichte Aufgabe. Ich schleppte, zerrte, stolperte und fluchte mich mit meinem Rad den Berg herunter, bis ich irgendwann auf einen breiten Waldweg stieß, auf dem es sich nun allerdings ausgezeichnet fahren lässt. Die Gravitation erledigt ihren Job zuverlässig. Endlich kommt mir meine schwere Zuladung zu Gute. Rund 400 Höhenmeter vernichte ich, ohne auch nur einmal wirklich in die Pedale getreten zu haben. Mit über 40 Sachen, rausche ich flowig ins Tal hinab.

Im gesamten Harz waren in den letzten Jahren erschreckende Bilder zu sehen. Die Nadelbäume, insbesondere die Fichten, sterben durch die Borkenkäfer dahingerafft, in großem Umfang ab. Der Borkenkäfer ist nicht das eigentliche Problem. Er existiert schon so lange in unseren Breitengraden wie die Fichte selbst. Für den Kreislauf der Natur ist er sogar essentiell. Als so genannter Rindenbrüter, befällt er normalerweise nur kranke und schwache Bäume und sorgt so für eine natürliche Selektion. Gesunde Bäume hingegen setzen sich erfolgreich zur Wehr, indem sie viel Harz produzieren, dem der Borkenkäfer nicht Herr werden kann.

Wer sich nun im Harz umschaut und die erschreckend großflächig kahlen Hänge sieht, ist schlussfolgernd geneigt zu vermuten, dass schlicht alle Bäume krank sein müssen. Doch die Ursache ist bei uns Menschen zu suchen. Seit Jahrhunderten ist die Fichte als schnell wachsender und daher günstiger Rohstoff beliebt. Als Bau- aber auch als Brennholz wird sie angebaut. Und längst sind Wälder ja nicht einfach nur Wälder, sondern Agrarfläche. Genau wie ein Landwirt sein Gerste-, Roggen- oder Weizenfeld bestellt, tut es auch der Forstwirt mit seinem Wald. Er pflanzt, pflegt und erntet. Freilich unterscheiden sich die Ernteintervalle erheblich; gemeinsam haben die Flächen jedoch, dass auf optimale Ertragsergebnisse Wert gelegt wird.

Ursprünglich ist die Fichte in den Höhenlagen eines Gebirges zu Hause. Dort, wo Laubbäumen, aber auch dem Borkenkäfer die Lebensbedingungen zu rau sind. Aber die Fichte wächst natürlich auch in tieferen Lagen. Dort sogar erheblich schneller und damit ertragreicher. Hier aber hat der Borkenkäfer leichtes Spiel, zumal er in den vorherrschenden Monukulturen einen mehr als reich gedeckten Tisch vorfindet. Solche Wälder sind nämlich ökologisch so anfällig wie ein Kartenhaus. Sie bieten Stürmen reichlich Angriffsfläche. Die Bilder nach Kyrill gingen viral. Das liegende Totholz, die anschließende durch den Klimawandel bedingte Dürre, die die Fichte ebenso schwächt wie die Luftverschmutzung, sorgte für eine explosionsartige Vermehrung des Borkenkäfers.

Die Antwort des Menschen: Die Kettensäge. Großflächig wird alles gefällt, was bereits befallen ist. Das erscheint radikal, ist aber unumgänglich. Der Borkenkäfer mag frisches und nasses Holz. Solange es feucht und weich ist, fühlt er sich dort wohl. Stirbt ein Baum durch den Borkenkäfer ab und bleibt er als verkümmerter Stumpf stehen, trocknet das Holz aus. Der Borkenkäfer verlässt seinen Wirt und sucht sich den nächsten, noch frischen Baum und befällt ihn. So ist es zwingend erforderlich, ganze Hänge dem Kahlschlag zu unterziehen und das Holz schnellstmöglich abzutransportieren.

Ich stehe grade an einem solchen Hang und sehe der Arbeit der Forstarbeiter zu. Schnell und effizient arbeiten sie. In vertikaler Linie werden die Baumreihen hangaufwärts angesägt. Nur den obersten Baum lässt man mittels Fällkeil tatsächlich fallen. Bei seinem Sturz in die Tiefe reißt er dann alle anderen Fichten mit ins Tal. Riesige Traktoren zerren die Stämme anschließend an dicken Stahlketten auf einen Lagerplatz, auf dem mit Beregnern ununterbrochen Wasser auf das Holz gespritzt wird, um es feucht und den Borkenkäfer im Stamm zu halten.

Es ist imposant und traurig zugleich, zusehen zu müssen, wie Hektar um Hektar Waldfläche sterben muss, um zumindest den Wald als Ganzes retten zu können.

All zulange kann ich allerdings nicht verweilen. Das in großen Pfützen stehende Wasser bietet zahllosen Mücken offenbar beste Lebensbedingungen. Ihre Gier, in der sie sich auf mich stürzen, ist lästig und strapaziert mein Nervenkorsett über Gebühr. So lasse ich das Bike alsbald weiter talwärts rollen. Erst ab dem Ockertalsstausee, an dessen Ufer sich ein total idyllischer Campingplatz befindet, muss ich wieder Wattleistung auf das Pedal bringen.

Um die Talsperre bauen zu können, wurden 1954 die Orte Mittelschulenberg und Unterschulenberg überflutet. Der Legende nach sieht man bei niedrigem Wasserstand die Kirchturmspitze. Die Turmglocken hört man angeblich aber erst, nachdem man eine Flasche Kräuterlikör getrunken hat. Für uns Mountainbiker dürfte das neu erbaute Schulenberg das lohnendere Ziel sein. Von dort aus kann man ideal in eine der vielen ausgeschilderten Routen der Volksbank-Arena Harz einsteigen, die insgesamt satte 2200 Kilometer Fahrspaß versprechen. Schulenberg ist für den nächsten Besuch im Harz definitiv vorgemerkt.

Mich aber führt die Strecke nun zunächst ein gutes Stück über leicht zu befahrenen Asphalt. Zu meiner rechten Seiten glänzt der See in der prallen Mittagssonne, die heute ein wenig übereifrig vom Himmel brennt; ganz so, als würde sie das Unwetter vom Vortag ausgleichen wollen.

Der Anleger der MS AquaMarin, von dem aus sich die Pauschaltouristen des Harzes, ihrer Bequemlichkeit nachgebend, auf den See hinaus fahren und von sich Animateur nennenden Unterhaltungsclowns bespaßen lassen, ist schon bald erreicht. In kurzen Hosen - die Füße stecken in dicken Socken und kaum genutzten Wanderstiefeln - ihre übergroßen Rucksäcke lässig auf einer Seite geschultert und ausgestattet, als gelte es die Welt zu umrunden, stehen sie dort und warten.

Wenn mir jemand eine solche Tour vorschlagen würde, müsste ich an dessen Zurechnungsfähigkeit erhebliche Zweifel äußern. Ich würde, mental völlig verstört, zwischen all den schunkelnden

Rentnern sitzen und freiwillig ohne Rettungsweste über Bord springen. Das die den Kahn betreibende Schifffahrtsgesellschaft sich großspurig mit »*Die Höchste im Norden*« bewirbt, steigert nach der Erfahrung am Brocken mein Verlangen keinesfalls. Ich verzichte daher auf eine Befahrung des Stausees und bleibe bei der geplanten Uferstrecke.

Gedankenversunken wäre ich um ein Haar in quer zur Straße stehende Absperrgitter gesemmelt. Was stehen die hier auch so doof in der Gegend umher? Etwas aufmerksamere Verkehrsteilnehmer warnt ein eigentlich kaum zu übersehendes Schild vor den hier zur Zeit durchgeführten Asphaltierungsarbeiten.

Mir kommt ein Radfahrer entgegen. Langsam kämpft er sich die Steigung hinauf. Ich frage ihn nicht, ob die Straße frei, oder ob er resigniert an der Baustelle umgekehrt ist. Er fährt Rennrad - ich fahre Mountainbike, und damit wäre im Grunde auch schon alles gesagt. Da wo ich herkomme, spricht man mit Rennradlern, die auf ihren hauchdünnen Asphalttrennscheiben, mit denen sie selbst Kieselsteinchen ausweichen müssen, grundsätzlich nicht. Ihre Anwesenheit wird allenfalls registriert - wenn überhaupt! Diese ausgeprägte Zuneigung beruht im Übrigen auf Gegenseitigkeit. Ob nun das Huhn oder das Ei zuerst da war - ich weiß es nicht. Seit ich MTB fahre - also scit Anfang der Neunziger Jahre etwa - beobachte ich diese gegenseitige Verachtung. Die Rennradler halten sich für etwas Besseres - wir Mountainbiker sind es. So einfach ist das.

Etwas schwieriger verhält es sich da schon mit der Eingruppierung der Gravelbiker. Als ein Subgenre, lassen die sich ja nicht so einfach in eine Schublade stecken. Einerseits fahren sie abseits befestigter Wege, wenngleich nicht im groben Terrain. Andererseits sind sie mit ihren krummen Lenkern und schmalen Reifen dichter am Rennrad, als am Mountainbike. Das der immer stärker aufkeimende Gravelboom auch das Bikepacking, einst eine MTB-Domäne, immer beliebter macht, und ihm damit einhergehend immer stärkere Akzeptanz in der Bevölkerung beschert, bringt dieser Fraktion wiederum meine wohlwollende Akzeptanz als Teil der Offroadbewegung ein.

»Hallo«, grüßt der Eddy Merckx Verschnitt knapp aber freundlich unter seiner Schirmmütze hervor.

»Moin«, entfährt es mir. Automatisch, im Affekt und absolut ungewollt, ehrlich!

Soweit ist es schon gekommen. Kaum fahre ich mal etwas länger auf der Straße, fange ich schon an, mich mit Rennradfahrern zu verkumpeln. Wenn das so weitergeht, werden wir alsbald Brüderschaft trinken und mit dem selig dummen Grinsen sexueller Erregung an einem Campagnolo-Schalthebel entlangstreichen, als wäre es der Busen von Heidi Klum.

Ich muss dringend wieder Dreck unter die Reifen bekommen, und sei es nur Schotter. In der Not frisst der Teufel ja bekanntlich Fliegen.

Doch zunächst ist erst mal nix mit Offroad fahren. Ich kann dem Asphalt vorerst nicht entfliehen. Er fällt weiter steil, schnurgerade ab. Rechts liegt nach wie vor das Ufer des Sees, links gewinnen die Felswände immer mehr an Höhe. Bedrohlich wirken sie, als könnten die rissigen Gesteinsmassen jederzeit auf mich niederstürzen. Das das gar nicht so abwegig ist, belegen die vielen angebrachten Stahlnetze, die genau dies verhindern sollen.

Immer schneller wird die Fahrt. 40...45...50 Km/h. Die digitale Tachoanzeige kommt kaum hinterher, mir auf ihrem Kristalldisplay die Geschwindigkeit anzuzeigen. Lässig und gekonnt umzirkel ich in Orange gekleidete Bauarbeiter, die emsig beschäftigt sind Pylonen aufzustellen, irgnoriere ihre verständnislos schüttelnden Köpfe und weiche einer wendenden Asphaltfräse aus. Auch das wilde Hupen eines wartenden LKW´s kann mich nicht mehr stoppen. Der Geschwindigkeitsrausch hat mich, er hält mich gefangen in seinem Sog des Adrenalins und Nervenkitzels. Das mir die Arbeiter womöglich aus gutem Grund von der Weiterfahrt abraten wollen, blende ich völlig aus. Und wenn schon - was soll denn passieren? Ich fahre ein Mountainbike und keinen Asphaltritzer mit Heidi Klum-Busenschalthebeln. Mit einem Mountainbike komme ich überall durch. Man kann mit einem Mountainbike die Welt umrunden, über die Alpen fahren, die Anden bezwingen und die Sahara durchqueren. So ein Mountainbike ist die Speerspitze der Fahrradevolution - nicht mehr, aber eben auch nicht weniger. Im schlimmsten Fall muss ich halt umdrehen und den Berg wieder hinauf kurbeln. Das wäre mir allerdings ausgesprochen peinlich.

Das Glück ist mit den Dummen, sagt das Sprichwort. Schlussfolgernd also auch mit mir. Und tatsächlich ist die Straße, zumindest mit dem Fahrrad, noch passierbar. Die ersten Fräsarbeiten haben, ohrenbetäubenden Lärm verursachend, zwar schon begonnen, beschränken sich aber bisher auf die Gegenfahrbahn. Mit einem schelmischen Grinsen hebt einer der Maschinenbediener einen mahnenden aber nicht ganz ernstgemeinten Zeigefinger und anschließend die Hand zum Gruß. Im Harz erscheinen mir die Menschen grundsätzlich freundlicher als daheim. Ich könnt mich glatt verlieben; also in den Harz, versteht sich.

23.

Paradise City
-
green and pretty

Ich folge dem Flusslauf der Oker in nördlicher Richtung, erreiche den gleichnamigen Ortsteil und schwenke dort westwärts ab. Den 640 Meter hohen Rammelsberg hätte ich somit erfolgreich umfahren und muss mich nun nur mit seinen nördlichen Ausläufern herumplagen. Zwar geht es auch hier mit einigen knackigen Steigungen ziemlich zur Sache, aber zumindest bin ich endlich wieder auf unbefestigten Trails unterwegs. Begleitet von Vogelstimmen, führt mich der Weg durch blühende Landschaft bis nach Goslar. Als ich dort das Kaiserhaus erreiche, lege ich die erste längere Pause am heutigen Tag ein.

Das Kaiserhaus gehört zu einer der beliebtesten touristischen Attraktionen der Stadt. Besichtigungen sind täglich möglich und mit 7.50 Euro erfreulich günstig. Seit 1992 gehört der Pfalzbezirk gemeinsam mit der Goslarer Altstadt, sowie dem Bergwerk Rammelsberg, zum Weltkulturerbe der UNESCO.

1879 war die endgültige Restaurierung der Pfalz beendet. Die Umsetzung wird teilweise kritisch betrachtet, da nicht alle Elemente zeitgenössisch und authentisch umgesetzt wurden. Dennoch lassen sich hier neben einem imposanten Bauwerk auch allerhand Wandmalereien bestaunen. Verblüfft bin ich vor allem durch die

Tatsache, dass das Gebäude bereits damals mit einer durch Holzöfen betriebenen Warmluftzentralheizung ausgestattet war. Etwa Mitte des 12. Jahrhunderts ließ Heinrich der Fünfte eine Art Fußbodenheizung nachrüsten. In Zeiten von mit Styropor wärmegedämmten Fassaden, Emmisionsminimierung, Energieeinspar- und CO_2-Austoßdebatten, mag so eine holzbefeuerte Zentralheizung nicht außergewöhnlich erscheinen. Vor 700 Jahren aber war es eine Meisterleistung und der Bau muss eine wahre Sensation gewesen sein.

Die große Rasenfläche vor dem Kaiserhaus ist ein beliebter Treffpunkt für Menschen der Region. Mittlerweile herrscht Versammlungsverbot für das gesamte Gelände. Das interessiert allerdings niemanden. Die Fläche ist übersät mit Menschen. Liegende, stehende, sitzende und hockende Menschen, niedergelassen auf ihren mitgebrachten Picknickdecken, auf zweckentfremdeten Pullovern und Jacken, oder eben einfach nur so.

Auch ich liege im sattgrünen, frisch gemähten Gras; und ich rieche auch welches. Irgendwo kifft hier jemand. Seit meinen Jugendjahren kann ich diesen Geruch nicht ausstehen. Ich bekomme nicht nur Kopfschmerzen von dem »shit«, wie das Zeug ja nicht ganz grundlos genannt wird, sondern verknüpfe auch eine unangenehme Lebenserfahrung damit. Als in jungen Jahren gegenüber neuen Erfahrungen durchaus experimentierfreudiger und aufgeschlossener Mensch, hatte ich mich auf einer Party zu einigen Zügen aus einem Joint hinreißen lassen. In Folge dessen hatte ich einige Schwierigkeiten, meiner Haftpflichtversicherung die zwingende Notwendigkeit einer Teppichshampoonierung glaubhaft zu machen. Die näheren Begleitumstände, die zu den Flecken auf dem Perserteppich der Eltern des gastgebenden Kumpels geführt hatten, versicherungsbestimmungskonform zu umschreiben, ohne die Gastgebereltern Wind von der heimlich stattfindenden Party bekommen zu lassen, fiel denkbar schwer und gelang abschließend auch nur bedingt. Hunderte Exemplare von dem regionalen

Käseblatt trug ich fortan in an solcher Literatur meist völlig uninteressierte Haushalte aus, um die Reinigungsrechnung begleichen zu können.

Da ist die Gruppe Jugendlicher, die hier ganz ungeniert in der Öffentlichkeit ihren Joint kreisen lässt, deutlich cleverer. Eine Wiese kann man ruhig vollkotzen - die wäscht der nächste Regen wieder sauber.

Komme ich mir im urbanen Umfeld abseits der Trails, in meiner Radhose, unter der man nun mal keine Unterwäsche trägt, immer ziemlich nackt vor, wirkt die hauteng sitzende Funktionskleidung wie ein Pelzmantel im Vergleich zu dem, was ich hier in Goslar zu sehen bekomme. Nur einen Steinwurf weit entfernt, sitzt eine Gruppe junger Mädchen. Ich schätze die Mädels auf etwa 18 Jahre, wobei das gar nicht so einfach einzuschätzen ist. Gekleidet und geschminkt sind sie wie 26 Jährige.

Junge freche Früchtchen sitzen mir da schräg gegenüber auf der Wiese und tippen, Zungen färbende Lollis lutschend, auf ihren Handys herum. Es sind sechs oder sieben an der Zahl und von der Sorte, die nichts anbrennen lassen. Ungeniert, wie rein zufällig aber eben doch ganz bewusst, lassen die Mädels die vielen Umstehenden tief blicken; in teils üppige, in jedem Fall aber großzügige Dekolletees, auf viel nackte Haut und auf knappe Tangas unter unbestreitbar zu kurzen Röcken. Was sie anhaben, ist eine Mischung aus ganz wenig und noch weniger und damit eindeutig viel zu wenig. Sie sind ungezogen unangezogen und sich dessen bewusst.

Vorbeischlendernde Paare; sie mit pikiertem, er mit gierigem Gesichtsausdruck, lassen die Mädchen feixen. Besonders, wenn er von ihr, aus Neid um die Jugend und sexuelle Ausstrahlung, einen Rippenstoß für sein sabberndes Gegaffe erhält.

Zugegeben: Im Vergleich zur Igelnasen-Ines lohnen sich hier die Blicke um Einiges mehr. Da gucke auch ich nicht wirklich weg. Aber bin ich von den herüberwehenden Schwaden der illegalen

Balkonselbstzuchten schon bekifft? Wo hat die mir direkt gegenüber auf dem Rasen sitzende Brünette in dem kurzen Rock, denn
nun plötzlich ihren Lolli gelassen? Im Mund hat sie ihn jedenfalls
nicht mehr. Jetzt bekomme ich schon Kopfkino. Diese Nummer
wird mir definitiv zu haarig und ist zu viel der Reizüberflutung.

Mein Problem: Das Ganze nimmt langsam ungeahnte Ausmaße
an; und Lycra lügt nicht - Lycra enthüllt den Angezogenen. Noch
ein paar Minuten dieser Show und ich stünde ziemlich dämlich da.
Leugnen wäre dann aussichtslos. Ich muss hier weg!

24.

Schwiegerhexe

Goslar ist wunderschön. Besonders die Innenstadt mit den uralten und restaurierten Fachwerkhäusern ist sichtlich herausgeputzt und absolut sehenswert. Die pastellfarbenen Fassaden sind frisch getüncht; vor vielen Fenstern hängen bunt gestrichene Fensterläden und Blumenkästen mit allerlei Pflanzen, von denen ich allerdings leider nicht eine beim Namen kenne. Aber schön anzusehen ist das Farbenmeer ihrer Blüten allemal.

In Sachen Floristik bin ich nicht sonderlich bewandert. Eine Sonnenblume würde ich vermutlich noch so eben erkennen können. Auch kann ich eine Birke von anderen Bäumen unterscheiden. Das ist ja schließlich anhand der markanten Rinde selbst für Farbenblinde noch zu erkennen. Dann allerdings stößt meine Kompetenz zum Thema Botanik bereits an ihre zugegebenermaßen sehr ausgeprägten Grenzen. Das ist ein Umstand, der zunächst keinerlei ausgeprägtes Konfliktpotenzial zu beinhalten scheint. Doch weit gefehlt, denn dies ergibt sich in zwischenmenschlichen Beziehung in diesem Kontext oft im Übermaß.

Es gibt eine Vielzahl von Anlässen, bei denen das Verschenken von Blumen offenbar nicht nur angebracht, sondern gar gesellschaftlich tief verankertes, einer Konvention gleichendes Ritual ist. Sei es als Mitbringsel bei Verwandtschaftsfeiern, bei einem Besuch im Krankenhaus, zu Geburtstagen und vor allen Dingen zum Hochzeitstag. Wehe dem Ehegatten, der seiner Angetrauten zu einem solchen Anlass keine Blumen kauft. Ich werfe in diesem

Zusammenhang folgende Stichworte in den Raum:
Tütensuppe und Dosenravioli, Sofaübernachtungen, ungebügelte Hemden und ungewaschene Socken, Mädelsdates statt Kuschel-abende, hasserfüllte Verwünschungstiraden, erste Aufteilung des Hausrats, uvm..

Diese Auflistung ist selbstredend nicht abschließend und nur ein Auszug der probaten Mittel zur Erziehung - Frauen können ver-teufelt erfinderisch werden.

Auch ich (oder vielmehr gerade ich) trat nicht selten ins Fettnäpf-chen. Aber woher sollte ich denn wissen, dass man nicht nur Blu-men mitbringen, sondern auch wirklich die richtigen dabeihaben muss? Für mich sind alle Pflanzen grün. Manche haben bunte Blü-ten, andere nicht. Einige sehen hübsch aus, andere weniger. Das ist bei Frauen ja nicht anders. Und alle riechen irgendwie gleich - nach Pflanze eben; die Blumen, nicht die Frauen.

Das mit den jeweiligen Pflanzen auch eine Botschaft verknüpft ist, will ja erst mal verstanden sein. Mit Schaudern erinnere ich mich daran, dass ich meiner angehenden Schwiegermutter, die ich ganz zum Unmut meiner Freundin, wenngleich es eine viel tref-fendere Bezeichnung war, stets Schwiegerhexe nannte, mal einen Kaktus kaufte. Konnte ich die Assoziation zwischen Kakteen und dem Ausdruck mangelnder Zuneigung erahnen? Hätte man mir doch sagen können. Aber strenggenommen war es allein aus die-sem Grund ein sehr passendes Geschenk. Und davon abgesehen: Kakteen sind stachelig, damit einhergehend unnahbar und sie widerstehen selbst hartnäckigsten Versuchen, sie eingehen zu las-sen. Ich behaupte: Nie war ein Geschenk passender.

Dosenraviolie waren dann jedenfalls längst nicht die schlimmste Sanktion meiner Freundin, soviel sei versichert. Aber was hätte ich ihrer Mutter denn sonst kaufen sollen; eine liebevoll verzierte Dose, gefüllt mit Zyankalikapseln vielleicht? Einen neuen Besen für den Arbeitsweg? Oder doch einen Strauß Schnittblumen? Die verderben doch in kürzester Zeit. Man hätte mir das ohnehin so ausgelegt, dass ich damit auf das fortgeschrittene Alter und die welkende Jugend hätte anspielen wollen; was mir natürlich nie in den Sinn käme - dafür fehlt mir leider die geistige Kreativität.

Eine schöne Urne vom Bestatter ihrer Wahl war ja ursprünglich mein Favorit. So etwas kann irgendwann schließlich jeder gebrauchen. Und da hat man richtig lange was von. Außerdem: die Hoffnung stirbt bekanntlich ohnehin zuletzt.

Und selbst Schnittblume ist ja nicht gleich Schnittblume. Welch Narr der glaubt, mit einem schönen Strauß Blumen könne er mal so gar nichts falsch machen. Weiße statt rote Rosen zum Jahrestag, kommen einem Todesurteil gleich. Noch schlimmer: Deckt sich die Anzahl der Rosen des Straußes, der noch auf den letzten Drücker im Supermarkt oder am Bahnhofskiosk erworben wurde, weil man Esel Jahr um Jahr den Hochzeitstag verschwitzt, nicht mit der Anzahl der Ehejahre, kann man unmittelbar seinen Scheidungsanwalt anrufen.

Wer hin und wieder Gentleman sein möchte, bringt seiner Herzensdame natürlich auch zwischendurch mal einen Strauß Blumen mit. Einfach so, ohne Hintergedanken. Das im Schlafzimmer seit geraumer Weile etwas Flaute herrscht, die runden Ecken beim Staubsaugen immer runder werden und man statt Tiefkühlpizza zumindest am Sonntag gern wieder mal einen richtigen Braten auf dem Tisch stehen haben würde, hat damit freilich nichts zu tun. Absolut nicht!

Wer aber, so wie ich, von Pflanzen mal so gar keine Ahnung hat, sich aber für ganz besonders pfiffig hält, bittet die nette Verkäuferin im Blumenladen darum, sie möge einfach einen schönen Strauß zusammenstellen. Am Abend kommt man dann, mit stolz geschwellter Brust angesichts seiner selbstlosen Geste und seiner vermeintlich Genialität, mit dem Strauß zur Tür herein. Und Schatzi freut sich tatsächlich. Ganz aus dem Häuschen läuft sie eiligst eine Vase holen. In der Küche hört man den Wasserhahn plätschern, und während sie die Vase abstellt, entwickelt das männliche Gehirn bereits die wildesten Schlafzimmerfantasien. Voller

Erwartung beginnt Sie nun, das raschelnde Packpapier zu entfernen. Der Vorfreude geschuldete Aufregung nun also auf beiden Seiten. Das Ziel scheint greifbar nah. Orangene Lilien oder gelbe Nelken, diesen Erfahrungswert möchte ich an dieser Stelle dann noch belehrend anbringen, kommen gar nicht gut.

Beim Kauf von Blumen kann man also allerhand falsch machen, grundsätzlich alles richtig jedoch scheinbar ohnehin nicht. Von der Alternative, einen Gutschein vom Blumenladen mitzubringen, muss ich aber in jedem Fall dringend abraten; näher kann ein Mann der Hölle definitiv nicht kommen, solange sein Herz noch schlägt.

Aber ich möchte ja auch gar keine Blumen kaufen. Die würden auf der Weiterfahrt im Wind ohnehin zerfleddern. Ein kleines Mitbringsel, eine kleine Erinnerung an meine Tour durch den Harz, würde ich aber für meine Tochter schon gern erstehen wollen. Und auch eines für ihre Mama - wir verstehen uns trotz Trennung schließlich noch recht gut.

Ein Mitbringsel sollte in einem Touristenort wie Goslar ja eigentlich kein Problem darstellen. Die Schaufenster der Geschäfte sind voll mit irgendwelchem Dekokram zum hinstellen oder aufhängen, zum in der Wohnung drapieren oder in der Schublade verschwinden lassen; eben ganz nach Belieben und Geschmack von Schenker oder Beschenkten. Es ist Plunder, Kitsch, Schrott im Neuzustand und in jedem Fall ohne jeglichen Sach- oder gar Nutzwert. Porzellantassen für die Vitrine, Porzellanteller für die Wand; Bierkrüge und Aschenbecher aus Porzellan und Porzellanschlüsselanhänger. Bemalt ist der Tinnef mit dem, was hier im Harz allgegenwärtig ist - mit der Hexe.

Die Hexe ist die Symbolfigur des Harzes und das absolute Marketingspektakel. Zu finden ist sie überall: Auf den Schildern an der Autobahn fliegt sie über Burgen, Berge und Schluchten; in nahezu allen Städten rund um den Brocken sind die Läden, Hotels, Gaststätten, Veranstaltungen und Kneipen nach ihr benannt.

Hexenkeller, Hexentreff, Hexenklause, Hexen-dies und *Hexen-das.* Das ist etwas sehr einfallslos; und abgedroschen obendrein. Da lobe ich mir die zwar nicht minder klischeehafte, aber immerhin etwas abwechslungsreichere Namensgebung küstennaher Lokaliätäten. Mit *zur Möwe, Seeteufel, zum Leuchtturm, Ankerplatz* oder *Alte Mole,* wird der geographische Kontext zwar auch dauermissbraucht und recht wenig Kreativität an den Tag gelegt, zumindest aber nicht unentwegt dasselbe Substantiv verwendet.

Was der Karneval für die Kölner Jecken, ist die Walpurgisnacht für die Bewohner des Harzes. Am 1. Mai jeden Jahres tanzen die Menschen zu mittelalterlicher Musik, umgeben von Mittelaltermärkten oder vor den fackelgeschmückten Mauern des Schlosses Wernigerode. Ob man seinen Führerschein riskiert, wenn man anschließend betrunken auf dem Besen nach Hause reitet, weiß ich allerdings nicht.

Doch die Hexe und die Geschichten über sie, sind längst nicht alles, was uns der Harz zu bieten hat. Grundsätzlich gilt: Kein Gebirge ohne Bergwerk und kein Bergwerk ohne Sagen und Mythen; über Kobolde, Gnome oder Zwerge - kleine, schaurige Gestalten, die sogar bereits die germanische Mythologie kannte. Das ist im Harz nicht anders.

Der Ursprung solch überlieferter Erzählungen dürfte eher ernüchternd und wenig mystisch sein: Nach jahrelanger harter und zehrender Arbeit im Bergbau, werden die Menschen schlicht krumm und buckelig im Rücken geworden sein. Von vielen Entbehrungen gezeichnete und von Staub bedeckte Gesichter, mehr braucht es für die Sagengestalten nicht, wenn man ein paar hundert Jahre Zeit ins Land gehen lässt.

Und dann wäre da noch Frau Holle. Nein, das ist nicht die Frau Holle der Brüder Grimm, sondern der unheimlichen Sage nach eine gottähnliche Gestalt, die im dunklen Wald in den Bergen wohnt und unartige Kinder zu sich holt, um sie mit eher fragwürdigen Methoden zu erziehen. Wenn das meine Mutter gewusst hätte. Der

Job scheint ihr wie auf den Leib geschneidert. Sie hätte sich mit Sicherheit, ihre Fliegenklatsche schwingend, darauf beworben.

In manchen Erzählungen sagt man, dass Frau Holle aus einem Teich kommt und dass sie in diesem Teich die Kinder behält, die nicht erziehbar sind. Das wiederum passt eigentlich ganz gut zu den Märchen der Grimm Brüder, die sich ja, von wenigen Ausnahmen abgesehen, vornehmlich durch die Erzählung von düsteren Schreckgeschichten einen Namen machten. Geschichten, die pädagogisch eigentlich eine glatte Sechs sind. Statt auf- oder zu erklären, wird Kindern eingetrichtert, blinden Gehorsam leisten zu müssen. Kinder, die dem nicht Folge zu leisten willens sind, werden nach Großmutter und Rotkäppchen vom Wolf verspeist, von der Hexe in ein Lebkuchenhaus verschleppt oder in den Turm gesperrt, bis der Ritter vorbeikommt und ihnen an den Haaren zieht. Ganz Unartigen droht der Knüppel aus dem Sack. Und auch die Grimmsche Version von Frau Holle, die tagtäglich die Milben aus ihrer Bettwäsche klopft und deswegen vermutlich irgendwann mit Asthma in eine Lungenklinik verwiesen werden wird, kommt nicht ohne Angst und Schrecken aus. Und doch wird sie, auch heute noch, unseren Kleinsten vorgelesen. Wenngleich die Texte auf Kinder unserer Zeit sicher etwas altbacken wirken, bleibt die inhaltliche Aussage prägnant, wirkt beängstigend und manifestiert sich in ihren Köpfen. Schriebe man das Märchen in eine moderne Form um, läse sich die Zusammenfassung in etwa so:

Die alleinerziehende Witwe hat eine geliebte leibliche und eine schöne, aber eben verhasste Stieftochter. Patchwork im sozialen Brennpunktbezirk einer Großstadt, nennt so was das Jugendamt, das nur deshalb nicht eingreift, weil alle Mitarbeiter von ihrer 35 Stunden-Woche und trotz sechs Wochen Jahresurlaub, fürchterlich überlastet und krankgeschrieben sind. Zum dritten mal dieses Jahr - mindestens.

Während die Stieftochter fleißig ist und sich zum Mindestlohn auf 450 Euro-Basis beim Discounter an der Kasse die Finger blutig jobbt, sitzen die anderen beiden Weiber mit Hartz-IV-Bezug den lieben langen Tag in der Bude rum, rauchen Selbstgestopfte, gucken Talk Shows und trinken Dosenbier vom Kiosk um´s Eck. Als die fleißige Stieftochter dem Leidensdruck nicht mehr standhalten kann, begeht sie einen Suizidversuch, stürzt sich in einen Abwasserschacht und erlebt eine Nahtoderfahrung, bei der sie sich mit sprechenden Broten und Bäumen konfrontiert sieht; es müssen Drogen im Spiel sein. Auch in ihrer Halluzination muss sie arbeiten wie ein Pferd. Sie wird zwar entlohnt, muss im Anschluss aber mit ansehen, wie ihre Schwester mit kochendem Teer überschüttet wird.

Das ist krasser Stoff für Kinder im Alter von 3 bis 6 Jahren, die am nächsten Morgen voller Panik aufstehen und Angst haben, auf der nächsten Autobahnbaustelle in die Fahrbandecke einasphaltiert zu werden, wenn sie nicht augenblicklich ihr Kinderzimmer aufräumen. Ich behaupte: Es gibt weniger verstörende Ansätze, um Kindern elementare Dinge wie Ordnung und Sauberkeit beizubringen.

Es gibt noch viele weitere Sagen und Geschichten rund um den Harz. Die der Harzkamele ist sogar wahr: Als Harzkamele wurden seinerzeit die Frauen bezeichnet, die auf so genannten »Kiepen« Güter des täglichen Lebens über die Fußpfade schleppten, um die Versorgung des Oberharzes sicherzustellen. 30, manchmal sogar 40 Kilogramm sollen diese Frauen über viele Stunden zu tragen gehabt haben, während die Männer in den Bergwerken schufteten und ebenfalls zu buckligen Gnomen wurden.

Auch wahr ist: Bereits um das Jahr 1300 hielten Schriftsteller Erzählungen von geheimnisvollen Geisterwesen am Gipfel des Blocksbergs, wie der Brocken in okkulten Kreisen auch genannt wird, fest. Womöglich war es einfach nur eine Gewerkschaftsversammlung oder ein Betriebsausflug der Harzkamele. Das aber ist nicht explizit überliefert.

Ab dem 16. Jahrhundert wurde dann für diese Wesen der Begriff Hexe verwendet. Gut möglich, dass die Gewerkschaft der Kiepenträger schlicht einmal zu viel hatte streiken lassen, was zweifelsfrei zu reichlich Unmut bei den Bewohnern des Harzes geführt haben dürfte. Jedenfalls folgten fortan Verfolgung, Verurteilung und Folter, unzähliger als Hexen verschriener Frauen. Steinigung, Streckbank, Daumenschrauben, Scheiterhaufen; um nur einige der eher sanfteren Methoden aufzuzählen. Dem Einfallsreichtum in Sachen Strafmaßnahmen waren kaum Grenzen gesetzt.

Das sich im Harz die Sage um Zauberei und Magie, und mit ihr die Hexe als Sinnbild, bis heute manifestiert hat, haben wir vor allen Dingen dem lieben Goethe zu verdanken, der mit seiner Interpretation der Faustsage den Grundstein dafür legte. Dabei handelt es sich strenggenommen lediglich um ein Remake, eine Neuauflage und überarbeitete Version der Erzählung rund um den mutmaßlichen Schwarzmagier Johann Faust, den Goethe nun in die Figur eines Wissenschaftlers schlüpfen ließ. Wenngleich es bei Goethe nun also eher um die Psychosen des Faust ging, so blieben neben einem Pakt mit dem Teufel und mit dem Hexenzimmer und der Walpurgisnacht-Szene, ausreichend den Mythos befeuernde Schnittstellen zum Brocken.

Im 20. Jahrhundert bekam der Mythos vom Hexentreff auf dem Blocksberg durch Jugendliteratur wie »*Die kleine Hexe*« in einer deutlich freundlicheren Darstellung neuen Aufwind. Und spätestens seit »*Bibi Blocksberg*« nun nicht mehr nur mit ihrer Mami herumhext, sondern dies auch in Begleitung ihrer Freundin Tina auf dem Martinshof tut, verzaubert der Hexenmythos auch meine Tochter.

25

Sandale und Tennissocke

Ein Mitbringsel mit Hexenmotiv fällt wegen der Ex-Schwiegermutter definitiv aus. Da könnte ich genauso gut einen Reisigbesen kaufen. Eine Postkarte zu schicken, scheint mir eine gute Idee zu sein. Wer bekommt denn heutzutage, in Zeiten von E-mail und SMS, noch eine Postkarte zugeschickt? Das hat Seltenheitswert, ist außergewöhnlich, originell und zudem sehr persönlich. Und eine Postkarte - auch ohne Hexe - sollte wohl aufzutreiben sein. Also auf in Goslars Innenstadtgewühl.

In aller Regel kommt man mit einem Fahrrad, insbesondere mit einem Mountainbike, überall auf der Welt gut voran. Ob in den Wäldern Kanadas, in der russischen Steppe oder im australischen Outback - ein MTB suggeriert Vortrieb in allen topographischen Gefilden.

Fußgängerzonen sind da eine konsequente Ausnahme. Nicht zwingend deshalb, weil dort das Radfahren grundsätzlich verboten, sondern weil ans Fahren gar nicht erst zu denken ist.

Doch selbst schiebend ist es in Goslar, wo sich den warmen Sommertag genießend, eine unüberschaubare Touristenflut dicht an dicht gedrängt, wie ein endloser Wurm durch die Flaniermeile windet, kein Vergnügen sein Rad dabei zu haben. In einer solchen Menschentraube ist ein Fahrrad sperrig wie ein IKEA-Regal, deplatziert wie Luftballons bei einer Beisetzung und sein Eigentümer ein Fremdkörper im gleichmäßig wogenden Brei der vielen Schlenderer.

Erst schiebe ich der abrupt vor mir stoppenden Oma, über deren schlurfenden Gang mich mich schon eine ganze Weile gräme, versehentlich das Vorderrad in die Hacken, dann fädele ich mit dem Lenker in den Trageriemen einer Handtasche ein. Und nun tritt mir ein Koloss von einem Kerl gleich dreimal auf die Zehen; der Nächste stolpert mir mit seinen Quadratlatschen in der Größe eines Kindersarges, ins Schaltwerk. Als sich ein älteres Pärchen angesichts meiner Anwesenheit, oder vielmehr der meines Bikes, lautstark echauffiert, »*man wolle schließlich Urlaub machen und ich solle mich verpissen, bevor man die Polizei rufen würde*«, bin ich der kleinkarierten Spießbürgerlichkeit dieses Touristenstroms endgültig überdrüssig. Der Typ bekommt sich gar nicht wieder ein und zetert lautstark und mit erheblichem Aggressionspotenzial. Die Polizei würde am liebsten ich rufen. Wer weiße Tennissocken (zwei Streifen-rot/blau) in hellblauen Ledersandalen zu einer knielangen Trekkinghose trägt, gehört wirklich eingesperrt. Eigentlich möchte ich ihn gern fragen, wie er jemals mit einem solchen Modegeschmack das Herz seiner Frau erobern konnte. Aber vermutlich kennt er sich einfach gut mit Blumen aus, dieser greisende Schürzenjäger.

Flachmann statt Sangria-Eimer, Ledersandale statt Badelatschen, Trekking- statt Badehose. Viele sind vermutlich nur deshalb hier im Harz, weil Flüge nach Mallorca derzeit ersatzlos gestrichen sind. Hier wuseln sie nun umher wie Ameisen; immer wieder in ihren Reiseführern blätternd, um ja keines der vermeintlichen und natürlich kostenpflichtigen Highlights zu verpassen.
Ich muss hier raus - raus aus dem Trubel, weg von den vielen konsumgesteuerten Lemmingen, die hier denselben Pauschaltourismus praktizieren, wie die Saufnasen am Ballermann. Es ist ja nicht so, dass ich Menschen grundsätzlich meiden würde. Hier jedoch, bin ich ihrer Anzahl und ihrem Herdentrieb überdrüssig.

Ich finde tatsächlich ein etwas abgelegeneres Geschäft, bei dem ich auch mit meinem sperrigen Rad als potenzieller Kunde gern gesehen scheine und schaue mich nach Postkarten um. Das heutzutage allerdings offenbar kaum noch jemand Postkarten verschickt, wird schnell deutlich. Zwar werden sie in Hülle und Fülle in dem kleinen Lädchen feilgeboten, so ganz neu scheinen sie aber alle nicht zu sein; einige sind bereits stark abgegriffen. Vor allen Dingen bin ich von den Motiven schockiert. Es ist zwar nicht ausnahmslos eine Hexe abgebildet, was mich aufrichtig freut, aber die aufgedruckten Landschaften, Sehenswürdigkeiten und Gebäude, erscheinen mir irgendwann Ende der 70er aufgenommen zu sein. Alle Bilder wirken irgendwie altbacken, unmodern, angestaubt; und damit passen sie gut zu dem anderen Deko-Kitsch in der Auslage. Die anvisierte Käuferschicht dürfte wohl eindeutig älteren Semesters sein.

Obwohl ich allerhand Zeit für die Suche aufbrachte und mein Tagesplan damit ziemlich ins Wanken geriet - den Besuch des Bergwerks Rammelsberg werde ich schweren Herzens ausfallen lassen müssen - werde ich für die Zielgruppen 6 und 38 Jahre, in Goslar einfach nicht fündig. So bleibt es bei der »Medaille« vom Brocken, die ich dann daheim mit einem Ausdruck einer Berglandschaft hinterlege, einrahmen und verschenken werde. Ein wenig enttäuscht und traurig bin ich dennoch.

26.

Heimliches Geschäft

Im Mittelalter waren die Menschen überzeugt, die Erde wäre eine Scheibe. Ich kann diese, offenbar nicht nur mangelnder Bildung geschuldete Überzeugung, inzwischen voll und ganz nachvollziehen. Flach wie eine Langspielplatte liegt Niedersachsen vor mir. Im Süden kann ich noch schwach den Brocken erkennen. Im Norden sehe ich nur den Horizont. Hinter Goslar hörte der Harz schlagartig auf. Einfach so!

Es sind nicht nur die Bodenerhebungen, die abrupt verschwanden und die Bodenbeschaffenheiten, die von schroffem Fels in feuchtes Ackerland und Wiesen übergingen, es änderte sich auch der Bewuchs. Noch am Morgen durchfahrene Fichtenwälder lichteten sich nicht etwa zusehends, sie endeten einfach. Auch die so edel anmutende, stuckverzierte Fassadenarchitektur vieler Fachwerkhäuser ist nun jüngeren, einfallslosen Zweckbauten gewichen. Ab hier sieht Niedersachsen aus wie Hamburg, Bremen, Schleswig-Holstein oder Mecklenburg - nicht gänzlich ohne Reiz, aber einfach zu vertraut, um so etwas wie Erlebniswert in Aussicht zu stellen. Die landschaftliche Monotonie lässt den Abenteurer in mir verkümmern und weckt das Heimweh.

»Wer drei Tage Zuckerwatte aß, dem schmeckt das Schwarzbrot nicht«, pflegt mein Vater stets zu sagen, wenn er anmerken will, dass jemand zu verwöhnt ist. Er hat Recht - Appetit habe ich trotzdem keinen. Nicht auf niedersächsisches Schwarzbrot in Form von Ackerkrume und Knicklandschaft.

Da meine Mountainbiketour nun ohnehin immer mehr sportlich ambitionierte Züge als denn kulturelle Ausprägung angenommen hatte, fasse ich einen fast wahnwitzigen Entschluss: Heute alles was geht heißt die Devise. Ich will den bisherigen Leistungen noch etwas obenauf setzen.

Von Torfhaus bis Hamburg sind es auf kürzester Strecke etwas mehr als 280 Kilometer. Selbst wenn ich also tatsächlich den direkten Weg wählen und primär Asphalt fahren würde, ist das kein Pappenstiel. Die Erfolgsaussichten, die Strecke tatsächlich nonstop und ohne weitere Übernachtung absolvieren zu können, sind eher gering. Andererseits: Distanzen von bis zu 160 Km habe ich schon öfter durchgestanden. Und man wächst ja bekanntlich mit seinen Aufgaben. Zudem habe ich ja viel Zeit. Ich habe keine Deadline. Ich kann fahren bis ich ankomme - oder eben vor Erschöpfung vom Rad falle. Und genau das ist der springende Punkt: Ich will wissen, was ich tatsächlich zu leisten im Stande bin. Ich will mein Limit ausloten und physische wie psychische Grenzerfahrungen der Extreme erleben. Nicht das ich es müsste, ich will es einfach; es auf die Spitze treiben. So wie es Abnoetaucher immer weiter in die Tiefe und Bergsteiger auf immer höhere Gipfel zieht, Triathleten nach dem absolvierten Ironman die Tripple Version angehen und Fallschirmspringer die Reißleine immer noch einen Augenblick später ziehen, will auch ich die Dimensionen neu verschieben.

Ich blicke ein letztes mal zurück. Über dem Brocken ziehen sich erneut Gewitterwolken zusammen, die der kräftige Südwestwind sicher schnell herangetragen haben wird. Ich darf mich also nicht nur auf eine extrem lange, bis tief in die Nacht andauernde, sondern vor allen Dingen eine sehr nasse Fahrt einstellen.

Bereits 15 Kilometer später hat mich der Regen eingeholt. Just in dem Moment, in dem ich mir die Reste der Liebenburg und das Barrockschloss ansehen möchte, bricht das Unwetter in unfassbarer Intensitvität los. Der Platzregen kommt so schlagartig, dass ich es nicht schaffe, meine Regenklamotten aus dem Rucksack zu zerren, bevor ich nass bis auf die Haut bin.

Der Vorraum eines nahegelegenen Supermarktes bietet mir zumindest etwas Schutz vor den Wassermassen. Frierend nutze ich die Zwangspause, mir den Bauch vollzuschlagen und erste Vorräte für die bevorstehende Nachtfahrt zu kaufen. Salziges und Süßes, das weiß ich aus Erfahrung, sind elementar. Der Zucker wird zum schnellen Energielieferanten, wenn die Speicher des Körpers leer sind. Salz füllt den Elektrolythaushalt auf. Kein 24 Stunden-MTB-Rennen, bei dem ich nicht auf geräucherte Mini-Salami und Gummibärchen zurückgegriffen hätte. Dazwischen sind Laugenbrötchen und Bananen immer eine gute Wahl.

Alles was irgendwie hineinpasst, stopfe ich, jeden Quadratzentimeter Packvolumen des Rucksacks nutzend, zwischen meine Klamotten. Alles andere wird irgendwie außen oder am Rad befestigt. Besonders Wasser dürfte in der Nacht zur Mangelware werden, wenn Lebensmittelgeschäfte bereits geschlossen haben und Tanstellen die einzig verbleibende Versorgungsquelle darstellen. Deren 24 stündige Öffnungszeit in außerstädtischer Lage, ist aber keinesfalls garantiert. Jeder mitgeführte Liter wird mein Vorankommen sicherstellen, bedeutet aber eben auch zusätzlichen, mich bremsenden Ballast.

Als alles verstaut ist, hat der Regen zum Glück etwas nachgelassen und ich breche unverzüglich auf. Kilometer um Kilometer spule ich stoisch und mit leerem Blick ab. Die Temperatur ist im Keller, meine Laune befindet sich sogar ein Stockwerk tiefer. Immer wieder erwischen mich kurze Schauer, die ich allerdings, einfach weiterfahrend, völlig ignoriere. Patschnass bin ich ohnehin, da kommt es auf ein paar Tropfen mehr oder weniger nun wirklich nicht an. Solange ich in Bewegung bleibe, bleibt auch der Körper auf Temperatur. Und aufgrund der Funktionsfasern, trocknen Shirt und Hose nach jedem Schauer ja auch relativ zügig wieder ab.

Meine Umgebung nehme ich wahr, sie erreicht mich aber nicht. Die Beine arbeiten kontinuierlich unter einem abwesenden, wie ausgeschaltet wirkendem Kopf. Ortseingang, Ortsausgang, Landstraße, Feld- oder Radweg und dann wieder von vorn. Dorf um Dorf, Gemeinde um Gemeinde durchfahre ich, ohne überhaupt zu registrieren, wie die Orte heißen oder wie sie aussehen. Hin und wieder halte ich an einem Supermarkt, fülle die doch viel schneller als erwartet schrumpfenden Wasservorräte auf, esse eine Kleinigkeit, dann geht es nahtlos weiter.

Ein Thema, das von selbsternannten Bushcraftern, die bei Youtube und Instagramm ihr Geld mit Werbeanzeigen und Klickraten verdienen wollen, sowie Filmemachern und Buchautoren nur allzu gern verschwiegen wird, ist die Notdurft.

Vier Jahre lang habe ich bei der Bundeswehr gedient und dabei etliche Biwaks, Übungsplatzaufenthalte und simulierte Gefechtssituationen im Gelände erlebt. Auch jetzt als Zivilist, verbringe ich, seit meinem Dienstzeitende im Jahre 2004, noch immer sehr viel Zeit draußen in der Natur. Tausende Kilometer bin ich geradelt, unzählige Mehrtagestouren habe ich absolviert, viele Overnighter wild campierend gemeistert und inzwischen wohl an mehr Bäume gepinkelt, als so mancher Straßenköter. Wovor ich mich aber in all den Jahren stets drücken konnte, war »*das Drücken müssen* - das *Häufchen machen im Wald*«.

Mit einer einfachen Nahrungsstrategie (Schokolade und Bananen stopfen und sättigen recht gut; und was ansonsten nicht reinkommt, will auch nicht raus), einer unverschämten Portion Glück, sowie einer cleveren, Tankstellen oder Schnellrestaurants rechtzeitig passierenden Routenwahl (man kennt ja die Stoßzeiten des eigenen Darmtraktes), war es mir immer gelungen, einen geeigneten Sanitärtrakt für diese eigentlich sehr privaten Momente absoluter Intimsphäre zu finden.

Die dem stundenlangen Aufschub meines Anliegens geschuldeten und nun einsetzenden Magenkrämpfe, lassen mich jedoch diesmal weit weniger wählerisch und akribisch bei meiner Wahl sein. Halbwegs vor neugierigen Blicken geschützt, ein fester aber saugfähiger Untergrund und nach Möglichkeit keine Brennesseln oder Dornen, mehr Ansprüche erhebe ich im Moment nicht. Nun hocke ich also, den Rücken gegen einen Baum gestemmt und mit der Hose in der Kniekehle, nahe der Bundesstraße im Knick. Völlig ungeübt in Zielvorgängen dieser Art, hoffe ich den Boden und nicht die Hacken meiner Schuhe zu treffen. Eine erbärmliche und vor allen Dingen hilflose Position, in der ich mich befinde. Zwar können überraschende Angriffe wilder Tiere im dicht besiedelten Mitteleuropa definitiv ausgeschlossen werden, von einem Jäger, Spaziergänger oder anderen Radfahrern in dieser Haltung überrascht zu werden, erscheint hingegen relativ wahrscheinlich. Entsprechend verkrampft, versuche ich nun möglichst unverkrampft zu sein, um dieses Geschäft schnellstmöglich und erfolgreich zum Abschluss bringen zu können.

27

Stromlos in Celle

Die Sonne steht inzwischen schon recht tief. Bald wird die Dämmerung hereinbrechen und es wird die Menschen in ihre Häuser
und Wohnungen, auf ihre Sofas und vor ihre Fernseher ziehen,
während der Tag in die Nacht übergehen und das Leben auf den
Straßen nahezu zum Erliegen kommen wird.

Irgendwo kurz vor Celle stehe ich nun in der altmodischen und
stark abgewohnten Küche eines einzelnen, an den Rand eines
Waldes geduckten Häuschens, das von einem Seniorenpaar und
seinen beiden Vierbeinern bewohnt wird. Ganz wohl ist mir im
Moment nicht in meiner Haut. Ich fühle mich von Blicken des
Argwohns und der Gier bedacht. Wie ein in die Falle getapptes
Tier, dessen Jäger jeden Augenblick zuschlagen wird. Es ist nur
noch eine Frage von Augenblicken, bis ich in Stücke gerissen werde, da bin ich mir sicher.

Als ich darum bat, meine inzwischen restlos aufgebrauchten
Wasservorräte auffüllen zu dürfen, hatte ich nicht ahnen können,
dass mich die beiden giftig knurrenden Pinscher keinen Moment
aus den Augen lassen und immer engere Kreise um mich ziehend,
nur auf einen Moment warten würden, mir in die Waden beißen zu
können. Zweimal schnappen sie zu, verfehlen mich aber zum
Glück doch erheblich. »*Das die nur spielen wollen*«, wie mir der
Hausherr anfangs versicherte, glaube ich spätestens jetzt auf keinen Fall mehr. Heilfroh bin ich, als ich das Grundstück, wie durch
ein Wunder unversehrt, aber von wildem Gekläffe begleitet, verlassen kann. Das allerdings wäre mir wohl kaum gelungen,

wüssten die beiden Flohmagnete, dass ich ihnen vor einer halben Stunde einen mit Toilettenpapier gekrönten Sechspfünder mitten in ihr Gassigeh-Revier gekachelt habe.

Das Museum im Celler Schloss ist mir offengestanden keinen Besuch wert. Die Ausstellung umfasst vornehmlich die Geschichte der Welfen. Das Thema von Herrschaft und Macht vom Beginn bis in die Gegenwart, klingt fies nach staubtrockenem Schulunterrichtsstoff und übt auf mich keinen besonderen Reiz aus. Zumal ich von Herrschaft und Macht spätestens seit dem Coronaausbruch mehr als genug zu spüren bekommen habe.

Das Schlossgebäude selbst hingegen, als vierflügeliger Bau im Barrockstil errichtet, würde mich schon interessieren. Berufsbedingte Neugierde ist es, die mich bei alten Bauwerken stets überkommt und angesichts der Umsetzung unter primitivsten Mitteln, immer wieder ehrfürchtig staunen lässt. Doch für einen Besuch ist es zu spät. Es ist schon lange Geschäftsschluss, inzwischen dunkel geworden und in Celle klappt man zu dieser fortgeschrittenen Stunde bereits überall die Bürgersteige hoch.

Licht am Rad wäre ganz gut. Das aber liegt daheim in der Schublade. Nachtfahrten waren schließlich nicht eingeplant. Was du nicht brauchst, schleppe nicht mit, lautet eine Weisheit erfahrener Bikepacker. Dennoch ist es ganz gut, dass ich vor meiner Reise zumindest eine kleine LED Stirnlampe an meinen Helm gebastelt hatte. Ihr verdanke ich wohl, dass ich halbwegs zu erkennen bin und ich trotz sehr zügiger Fahrt durch die Stadt - der Rückenwind schiebt kräftig an - von keinem der vielen Autos im abendlichen Stadtverkehr erfasst werde.

Bei Kilometer 140 friert mir der Tacho ein. Ich habe bereits die halbe Stadt durchquert, aber meinem elektronischem Helferlein scheint das völlig entgangen zu sein. Zunächst fiel es mir ja gar nicht so sehr auf. Schließlich guckt man ja nicht alle naselang auf das Gerät am Lenker. Doch nach und nach beschlich mich das

Gefühl, dass da was nicht stimmen kann; denn die Geschwindig-
keitsanzeige steht inzwischen bei Null. Und jetzt wo die Anzeige
immer schwächer wird, leuchtet mir ein, dass ich nicht, wie schon
so oft in meinem Leben, meinen Speichenmagneten verloren habe, sondern die Batterie ihren Dienst zu quittieren scheint.

Eine Knopfzelle mit der Nummer 2032, gehört in meinen Tacho.
Das weiß ich ohne nachsehen zu müssen. Ich fahre seit vielen
Jahren und an all meinen Rädern Tachos dieses Modells. Wohl ein
halbes Dutzend solcher Batterien habe ich schon getauscht.

Das Tolle an den 2032'ern ist, dass sie eine unfassbar lange Le-
bensdauer haben. Diese hier hat bestimmt ein Jahr oder länger
durchgehalten. Das Blöde an 2032'ern allerdings ist, dass sie unterwegs nur schwer zu bekommen sind. Elektrofachmärkte haben
um diese Uhrzeit jedenfalls bereits geschlossen. An einer Tankstelle brauche ich mein Glück hingegen gar nicht erst versuchen.

Grundsätzlich führen Tankstellen, die inzwischen ja eher Kauf-
häusern ähneln, in ihrem Warenangebot zwar so ziemlich jeden
Bedarfsartikel für spätabendlich Abenteuersuchende; die Pulle
Sekt, die es braucht, um die spontan aufgegabelte Kneipenbe-
kanntschaft beim Schein der ebenfalls erhältlichen Kerzen auf das
richtige Stimmungsniveau abzufüllen; die Lümmeltüten, die überflüssigerweise nur im Zehnerpack verfügbar sind, bis hin zum
Instand-Kaffee und der Zahnbürste für den Fall, dass man eben
doch nicht den Ring nach der ersten Runde verlassen und die In-
vestition in das Zehnerpack Kondome in ein optimiertes Kosten-
Nutzen-Verhältnis rücken möchte. Und selbst Benzin, so habe ich
mir sagen lassen, soll es an Tankstellen tatsächlich noch immer
geben. Nur 2032'er, die habe ich dort noch nie gesehen.

Ohne Tacho zu fahren ist doof. Ohne Tacho, das ist so, als wäre
Lucky Luke ohne seinen Colt unterwegs. Denn ein Tacho ist, besonders auf so langen Distanzen, das vielleicht wichtigste Utensil,
finde ich. Er wird mit steigender Fahrtstrecke und einem damit

einhergehendem Abfall der körperlichen Leistungsfähigkeit, zum besten Freund und größtem Feind gleichermaßen. Ein Tacho ist erbarmungslos genau. Er rechnet, akribisch kleinkariert wie der gute Herr Müller (das ist mein die jährliche Steuererklärung bearbeitender Finanzbeamter - zuständig für die Nachnamenanfangsbuchstaben H bis K) und addiert jeden zurückgelegten Meter ganz exakt. Er verrät somit aber auch die noch zu absolvierende Reststrecke, welche dann - je nach bereits gefahrener Strecke, momentaner Gefühlslage und körperlicher Verfassung - mit »*nur noch*« oder eben »*immer noch*« zu bezeichnen, in jedem Fall aber in Kilometer angegeben ist.

Ich bin mir gar nicht so ganz sicher, ob es im Moment ein »*nur noch*« oder ein »*immer noch*« wäre. Das aber ist nun auch irrelevant, denn ab hier, ab Celle, ab Kilometer 140, muss es ohne Tacho weitergehen, während ich die Stadt gen Norden, der Bundesstraße 3 folgend, verlasse und von der im Nirwana Niedersachsens herrschenden Dunkelheit verschluckt werde.

28.

Men in Black

Das Fernlicht des entgegenkommenden LKW blendet auf und reißt mich aus meinen Gedanken und zurück ins Hier und Jetzt.

Ja, schön war es im Harz. Erlebnisreich, spannend, abenteuerlich und vor allen Dingen anstrengend. Wenn ich aber möchte, dass ich irgendwann jemandem davon werde berichten können, sollte ich weniger die zurückliegenden Tage Revue passieren lassen, mich stattdessen etwas mehr konzentrieren und vor allen Dingen auf meiner Straßenseite bleiben. Andernfalls werde ich unter Umständen am chromverzierten Kühler eines 40-Tonners enden. Hier, auf der Bundesstraße 3, rund 42 Km vor Soltau, wie eine Motte als Fettfleck auf einer Windschutzscheibe, von Spülwasser aufgeweicht und von Scheibenwischern verdrängt, in den Straßengraben fließend zu krepieren, ist definitiv nicht mein Anliegen.

Bin ich während der Fahrt eingeschlafen? Kann man während der Fahrt einschlafen? In einem LKW geht so etwas. Das weiß ich, als Inhaber eines entsprechenden Führerscheins und eines zeitweise angenommen Aushilfsjobs als Kraftfahrer, nur zu gut. Bei einem Orientierungsmarsch bin ich vor Müdigkeit und Erschöpfung auch mal stehend gegen einen Baum gelehnt eingenickt; im August 2002 während des Hochwassereinsatzes an der Elbe gar auf einem Stapel Sandsäcke sitzend, während sich über mir die Hubschrauber näherten, um den in Netzen unter ihren Rümpfen pendelnden Nachschub an Sandsäcken einzufliegen. Das ich nun aber tretend auf meinem Fahrrad eingeschlafen sein könnte, erscheint mir dann doch absolut abwegig. Und doch kann ich mir anders nicht ansatzweise erklären, wie ich, ohne es zu bemerken, auf die Gegenfahrbahn gekommen war. Mir fehlen gefühlte zwei oder drei Minuten meiner Erinnerung. Sie sind weg - einfach weg.

Womöglich wurde ich »*geblitzdingst*«. Ja, so muss es wohl sein. Gleich wird der Truck halten, Will Smith wird aussteigen, mir grinsend seinen M.I.B.-Ausweis unter die Nase halten und mich irgendwas über Aliensichtungen fragen, bevor ich erneut in ein helles Licht schauen und alles wieder vergessen haben werde.

Doch Will Smith hält nicht an. Will Smith denkt gar nicht dran. Der kommt mir weiterhin mit Tempo 90 entgegen geschossen, blendet erneut auf und lässt das Fernlicht nun angeschaltet.

Eigentlich gilt für LKW auf Land- und Bundesstraßen ja ein Tempolimit von 60 Km/h. Aber wer auf Alienjagd ist, hat es verständlicherweise sehr eilig. Wäre mir auch ganz recht, wenn diese wie eine Kirmesbude ausstaffierte PS-Schleuder, zeitnah an mir vorbeifahren würde; im Idealfall, bevor sich meine Netzhaut ablöst oder mein Trikot Feuer fängt!

Als der Fahrer nun auch noch seine Hupe betätigt, die vormals das Nebelhorn eines Schiffes gewesen sein muss, keimt in mir langsam der Verdacht auf, dass da gar nicht der Will Smith am Steuer sitzt. Es wird einer dieser selbsternannten Supertrucker sein; einer jener bildungsfernen Menschen, die für niemanden auf dem Arbeitsmarkt zu gebrauchen waren und die ihrem Dasein als Hartz-IV-Empfänger nur durch einen von der ARGE subventionierten Führerschein entrinnen konnten. Angefixt von Sendungen wie »*Trucker-Babes*«, schrauben sie sich dann von dem mickrigen Gehalt teilfinanzierte Chrombügel und Lampen an »*ihren*« LKW, der strenggenommen ja ihrem Chef gehört und spielen auf den Straßen wilde Sau. Ich habe sie erlebt; oft - viel zu oft, diese schwarze Schafe, die eine ganze Berufsgruppe, ja gar die gesamte Transportbranche in Verruf gebracht haben. Dabei gehört zum Berufskraftfahrer weit mehr, als nur das Talent und Können, ein riesiges Monstrum von Fahrzeug zu bewegen. Es ist ein enormes

Fachwissen von Nöten. Lastverteilung, Beladeplan, Reibgleitbeiwerte, Achslasten, Fliehkräfte, die Anzahl der Zurrmittel und die Zurrwinkel; das sind nur einige der Berechnungen, die ein Kraftfahrer anstellen können muss. Und auch im Verkehrsrecht, dem Arbeitszeitgesetz und den Verordnungen zu Lenk- und Ruhezeiten muss er absolut fit sein. Die meisten Kraftfahrer sind es auch. Die mit den Chrombügeln in aller Regel eher nicht. Je mehr Lampen am LKW - desto unterbelichteter der Fahrer.

Herrliche Ruhe kehrt ein, nachdem der LKW verschwunden ist. Die Augen brauchen noch eine Weile, bis sie sich wieder an die Dunkelheit gewöhnt haben, dann umhüllt mich wieder friedlich und still die Nacht. Ich durchfahre Bergen. Irgendwo südwestlich von mir, nur einen Steinwurf entfernt, muss das ehemalige Konzentrationslager der Nazis gestanden haben. Einen weiteren Steinwurf südlich, befindet sich ebenfalls ein nicht sonderlich ruhmreicher Ort deutscher Geschichte: der Übungsplatz Bergen-Belsen. Ich jedenfalls finde es recht pietätlos, an einem Ort, der tausenden Juden und Kriegsgefangenen den Tod brachte, weiterhin zu üben, mit Panzern und Maschinengewehren Konflikte auszutragen.

Auf dem Schießplatz befinden sich die Sieben Steinhäuser genannten Megalith-Gräber. 5000 Jahre sind sie alt und stehen seit 1832 unter Schutz. An Wochenenden können sie sogar besichtigt werden. Nicht mehr besichtigt werden können hingegen die ehemaligen Ortschaften auf den sanften Hügelketten.

Die Wehrmacht griff 1934 zu. 24 Dörfer und Einzelsiedlungen wurden für den Platz geräumt und mit ihnen die rund 3.650 Einwohner trotz aller Proteste umgesiedelt. Ob die Häuser abgerissen oder durch Beschuss dem Erdboden gleich gemacht wurden, ist mir nicht bekannt. Stehen tun sie jedenfalls fast alle nicht mehr. Eines der wenigen aber noch erhaltenen Gebäude, ist das Schloss Bredebeck. Es wurde lange Zeit als Offiziersquartier genutzt. Seine weitere Nutzung scheint nach dem Abzug der britischen Armee unklar. Ich würde für eine Radfahrerherberge plädieren.

29.

Blaues Licht

»Haben Sie denn kein Licht?«

»Nicht so ein schön blaues wie Sie«, versuche ich der doch recht forsch formulierten Frage, der sich neben mir haltend und aus dem Fenster lehnenden Uniformierten, mit ein wenig Humor zu begegnen und deute auf das Blaulicht ihres Einsatzwagens. Der Kollege auf dem Beifahrersitz lächelt. Sie aber ist ganz offensichtlich nicht besonders zu Späßen aufgelegt. Sie setzt einen dienstlich ernsten Blick auf und steigt aus.

Das kann ja jetzt lustig werden. So hatte ich mir den Empfang in Soltau aber nun wirklich nicht vorgestellt. Es ist drei Uhr in der Nacht; die Straßen menschenleer. Der Bahnhof ist bereits in Sichtweite; ach was sage ich, bis dorthin spucken könnte ich. Das Ziel zum Greifen nahe, sehe ich mich schon den Rest der Nacht in einer Zelle oder im Kreuzverhör verbringen. Mich fröstelt, ich bin schmutzig, verschwitzt, hundemüde und erschöpft. Mir steht nun wirklich nicht der Sinn nach einer Belehrung über die Straßenverkehrsordnung und die darin festgesetzte Beleuchtungspflicht für Fahrräder. Der diensteifrigen Polizistin offenbar hingegen schon.

Ich kann sie ja beinahe verstehen. Endlich ist mal was los in ihrem Revier. Wenn es sonst nichts zu tun gibt, in einem Kaff wie Soltau, und sich erst recht keine richtigen Verbrecher festnehmen lassen, dann kann man wenigstens diesen den nicht vorhandenen Verkehr gefährdenden Fahrrad-Rambo zur Strecke bringen. Allein schon der eigenen Daseinsberechtigung wegen.

»Wohin wollen sie?«

»Nach Hause«, antworte ich wahrheitsgemäß.

»Können Sie sich ausweisen?«

»Klar, und Sie?«

»Werden Sie mal nicht frech!«

»Würde mir im Traum nicht einfallen.«

»Warum haben Sie kein Licht an ihrem Rad?«

Diese Frage ist gemein. Zweifelsfrei eine Fangfrage und an Boshaftigkeit kaum zu überbieten. Meine Gegenfrage *»Warum geht Ihnen keins auf?«,* kann ich mir zum Glück gerade noch verkneifen, obwohl sie eigentlich unbedingt über meine Lippen möchte. Im Grunde ist es egal, was ich antworte. Ich trete in jedem Fall ins Fettnäpfchen. Ich komme mir vor wie der Ehemann, der von seiner Frau gefragt wird, ob er ihren Hintern zu dick findet. Ein im Versuch der Diplomatie ausgesprochenes *»geht so«* würde eine mindestens abendfüllende Debatte über das sich im Laufe der Ehejahre eingeschlichene *»sich-gehen-lassen«* auslösen. Antwortet er wahrheitsgemäß mit *»Ja«,* hängt umgehend der Haussegen schief und er futtert sechs Wochen Dosenravioli. Ehrlichkeit wäre hier wirklich fatal. Bei einem *»Nein«* jedoch, wird sie weiterhin Schokolade futtern, sich noch mehr gehen lassen und zwangsläufig noch fetter werden. Damit wäre er (langfristig betrachtet) ebenfalls auf der Verliererseite.

Rasch wäge ich einige meiner Alternativ-Antwortmöglichkeiten ab: *»War keins dran, als ich es gekauft habe«, »Heute wurd es früher dunkel, als gestern«* und *»Ich möchte Energie sparen - der Umweltschutz geht uns alle an«,* kommen sicherlich nicht so gut an. Nicht bei so einer Übereifrigen. Nee, nee, damit sichere ich mir in jedem Fall ein Strafmandat. Mindestens!

Andererseits: Kein Beamter hat Lust, wegen solcher Bagatellen wie einer fehlenden Beleuchtung, endlosen Papierkram auszufüllen; nicht Nachts um drei Uhr, da bin ich mir doch ziemlich sicher. In Sachen Bürokratie stehen sich die Dienstherren Polizei und Bundeswehr wohl in nichts nach. Die Personalien aufnehmen und anschließend auf der Wache eine Ordnungswidrigkeitenanzeige tippen, gegen die der »*Sünder*« vermutlich ohnehin Widerspruch einlegt; einen sich unter Umständen nicht ausweisen wollenden oder nicht könnenden Radfahrer in seinen stinkenden Klamotten und samt seinem Rad zur Wache bringen, um dort die Fingerabdrücke abzunehmen und diese durch die Datenbank zu schicken, steht in keinem Verhältnis zu dem Vergehen, in einer fast menschenleeren Seitenstraße ohne Licht gefahren zu sein.

»*Sie wissen schon, dass ich Sie unbeleuchtet in der Dunkelheit kaum erkennen kann?*«, schiebt die Politesse die nächste Frage nach. Meine Denkpause war ihr offenbar zu lang.

»*Och, ich hab ja Licht - nur nicht am Rad*«, antworte ich, obwohl ich ihr eigentlich viel lieber einen Optiker empfehlen möchte und knipse meine Helmlampe wieder an, die ihr (natürlich aus Versehen) direkt ins Gesicht leuchtet. »*Die ist schon ordentlich hell, oder? Damit wird man auf alle Fälle gut gesehen*«, stelle ich fest, drehe mich auf der Hacke um, schiebe ein »*aber keine Sorge, ich muss nur bis zum Bahnhof - das Stück kann ich auch laufen*«, nach und lasse meiner Ankündigung umgehend Taten folgen.

Was will Sie machen, ihre Dienstwaffe ziehen und mich durch ihren Kugelhagel niedergestreckt, auf dem Bürgersteig verbluten lassen? Ich vernehme ihren tiefen Atemzug der Empörung und will meine Schritte bereits wieder stoppen, als ich höre wie eine Autotür zugeschlagen und ein Motor angelassen wird.

Erschöpft lasse ich mich, das Rad an einen Laternenpfahl gelehnt, auf eine Bank direkt am Bahnsteig sinken. Mir drückt das netzförmige Stahlgeflecht von Rückenlehne und Sitzfläche ziemlich unangenehm durch den dünnen Stoff meiner Radkleidung. Egal - Hauptsache liegen. Eine Stunde bleibt mir, bis die erste Bahn gen Heimat fährt. Ich schließe die Augen und schlafe ein.

Ende

Nachtrag

Das ich in Soltau, vermutlich der Müdigkeit geschuldet, die falsche Fahrkarte kaufte, ich die richtige aber mangels ausreichend Münzgeld nicht nachlösen konnte und der vermaledeite Fahrkartenautomat alle meine Geldscheine, mit denen ich ihn zu füttern gedachte, wieder ausspie als hätte ich eine Scheibe Mortadella in den Geldscheineinzug gesteckt, und dass ich dann während der Zugfahrt tatsächlich eine Fahrkartenkontrolle erlebte, dabei Blut und Wasser schwitzte, während ich mit dem Versuch mich schlafend zu stellen kläglich scheiterte und als Schwarzfahrer dennoch nicht aufflog, soll hier nur am Rande erwähnt sein.

Viel erwähnenswerter ist eigentlich diese gewisse Ernüchterung, die mit meiner Rückkehr einherging. Ich hatte nackte Wanderer gesehen und mich mit der Polizei angelegt. Ich hatte illegal geduscht, wild campiert und auf Holzbänken genächtigt; hatte Unwettern getrotzt, den Brocken erklommen, meinen Haufen neben den von Vierbeinern gesetzt, hunderte von Kilometern abgerissen und meinem Körper so einiges abverlangt. Kurzum: Ich hatte ein echtes Abenteuer erlebt. Und als mich die Regionalbahn schließlich an meinem Heimatbahnhof aus dem Wagon spülte, empfing mich... nichts! Ich stieg einfach aus und das war's.

Kein Empfangskomitee, keine jubelnde Menge, kein Blitzlichtgewitter, kein Applaus. Ich hatte mir meine Rückkehr irgendwie heroischer und ruhmreicher vorgestellt. Ich hatte erwartet, dass mich ein unbeschreibliches Gefühl von Glück, Stolz und Euphorie ergreifen würde. Doch ich stieg aus dem Zug wie ein normaler

Berufspendler, der von seiner täglichen Schicht zurückkehrt. Ich war zurück in meinen ganz normalen Alltag; ganz so, als wäre ich nie weg gewesen, als hätten die zurückliegenden Erlebnisse nie stattgefunden. Wie aber beschreibt man seine Gefühlslage, wenn das Bedauern darüber, dass es vorbei ist ebenso stark wirkt, wie die Erleichterung, dass die Strapazen nun ein Ende haben? Ausnahmsweise fehlen mir die Worte.

Langsam schob ich mein Rad die wenigen hundert Meter nach Hause, schloss die Haustür auf, betrat die Wohnung, setzte mir Kaffee auf und mich danach auf's Sofa. Nur allmählich sickerte die Wahrnehmung in meinen Verstand ein. Es brauchte eine ganze Weile, bis ich realisiert hatte, dass mein Abenteuer nun tatsächlich zu Ende war. Einen Tag später saß ich bereits am PC und begann den nächsten Trip zu planen. So ist es immer - jedes mal!